D1719530

Pierrette Letondor · Béatrice Berthet-Pimor

Reiseführer für Frauen

ELSTER VERLAG

Lektorat: Ruth Jakoby

Die Verfasserinnen bedanken sich bei Rosemarie Noack.

3. überarbeitete Auflage
Copyright © 1988 by Verlagshaus Elster GmbH und Co. KG
7580 Bühl-Moos, Engelstraße 6

Satz und Herstellung: Reinhard Amann, Leutkirch
Druck und Bindung: Franz Spiegel Buch GmbH, Ulm
Umschlagentwurf und Layout: Lore Roth, Leutkirch

ISBN 3-89151-034-9

Einleitung

Also noch ein Paris-Führer. Einer für Frauen. Für die alleinreisende Frau. Reiseführer für Kultur-Freaks gibt es genug. Oder für Feinschmecker, die leibliches Wohl nach Sternen messen. Oder für Rucksack-Touristen.

Der vorliegende Führer hat viele Lücken. Ganz bewußt. Er will und kann kein komplettes Adressen-Verzeichnis vorlegen. Über die großen Museen zum Beispiel ist in jedem herkömmlichen Paris-Führer ausreichend geschrieben worden. Dafür lernt die Leserin eine ganze Reihe zu unrecht unbekannter und dennoch besuchenswerter Museen kennen.

Auch Lido und Crazy Horse wird man vergeblich suchen.

Welche Frau fährt nach Paris der Nachtklubs wegen?

Spurensucher werden sich vielleicht daran stoßen, daß der Hinweis auf dieses Geburtshaus oder jene Sterbestätte fehlt. Wichtiger erscheint uns zunächst einmal der praktische Hinweis darauf, wie man am besten die Metro nutzt und benutzt, die Pariser Untergrundbahn.

Paris ist nicht billig, aber es gibt viele Adressen, wo man preiswert essen oder einkaufen oder wohnen kann. Auch (auf den ersten Blick) teure Dinge können ihren Preis wert sein. Deshalb sind beim nie vergessenen Blick auf den Geldbeutel auch Haute-Couture oder Luxus-Restaurants kein Tabu. Wer Paris kennen und genießen lernen will, wird an Austern oder einem todschicken Fummel vielleicht so viel Spaß haben, daß er dafür an anderer Stelle spart.

Und schließlich soll dieser Führer aktuell sein. Er will die Leserin dahinführen, wo Pariserinnen (und Pariser) selbst hingehen. Und zwar jetzt und heute. Anfang der 90er Jahre. Wer *diese* Adressen kennt, gilt in Paris als „branchée" oder „cablée". Also „in".

Wie gesagt: noch ein Paris-Führer. Hoffentlich einer, der Ihnen Spaß macht.

P.S. Dieses Buch kann auch von einem Mann gelesen werden!

Inhaltsverzeichnis

Paris-Portraits:

Tips

I. Die Vorfreude ist die schönste Freude:

1. Die französische Galanterie

Die sprichwörtliche französische Galanterie ist in vielen Fällen eine Legende. Es ist beispielsweise durchaus nicht selbstverständlich, daß ein französischer Mann seiner Partnerin Feuer anbietet. Auch hilft er ihr aus dem Mantel nur dann, wenn sich gerade die Gelegenheit bietet und ihr, wie in Deutschland oft üblich, die Handtasche zu tragen, gilt als verpönt.

Sollte im Restaurant oder im Bistro ein Platz an seinem Tisch frei sein, dann ist er eben frei – ihn vorzugsweise einer Dame anzubieten, ist im kleinen einmaleins des guten Tons nicht festgeschrieben.

Aber: Großzügig ist man in Frankreich allemal, wenn es ans Bezahlen geht. Ohne Zögern übernimmt er die Rechnung eines Tisches. Umständlich eine Rechnung auseinanderzudividieren kommt ihm nicht in den Sinn. Darauf ist übrigens auch der Kellner nicht eingerichtet (siehe Paris-Portrait: Die eiserne Hand, Seite 165).

Reisevorbereitungen

2. Wann fährt man am besten nach Paris?

Die Schulferien meiden.

Offiziell fängt man das Jahr in Frankreich wie überall am 1. Januar an. Doch im Grunde rechnet der Franzose anders. Für ihn ist das Jahr identisch mit dem Schuljahr seiner Kinder. Es fängt im September an und endet im Juni. Während der großen Ferien (Juli und August) verlassen alle Eltern mit ihren Kindern die Hauptstadt und fahren für zwei Monate ans Meer, oder zu den Großeltern aufs Land.

Zu Weihnachten und Ostern gibt es die *„petites vacances"*, also die kleinen Ferien von jeweils zwei Wochen. Auch in dieser Zeit verläßt der Pariser mitsamt seiner Familie die Stadt. Wer bei seinem Besuch in der Seine-Metropole auch die Pariser selbst erleben will, sollte die Zeit der Schulferien meiden. Insbesondere im Sommer macht die französische Hauptstadt rundum „dicht": Die Theater schließen, alle bekannten Sänger und Künstler, das gesamte *„show-biz"*, tritt in Gastspielen an den Küsten auf, es finden keine bedeutenden Ausstellungen statt und viele Restaurants haben geschlossen.

Nach der zweimonatigen Sommerpause braucht Paris eine Zeitlang, um wieder Tritt zu fassen. Erst Anfang Oktober lebt die Stadt von neuem so richtig auf.

Die ideale Reisezeit

Während die Touristen massiert die französische Hauptstadt aufsuchen, meiden die Pariser bestimmte Ecken, wo sie sonst selbst auch gerne hingehen: Der erste Ansturm der Reisenden erfolgt zu Pfingsten und hält bis Ende des Sommers an. Wer Paris etwas individueller und intimer erleben möchte, dem seien als gute Reisezeit die Monate Dezember bis Februar empfohlen. Vor Weihnachten ist die Stadt wunderschön geschmückt und die Champs-Elysses präsentieren sich als wahre Augenweide. An den beiden Wochenenden vor Weihnachten sind die Grands Magazins bis 20 Uhr geöffnet. Die Couturiers bieten ihre Mode auf besonders prunkvolle Weise dar. Die Schaufenster sind dann ein richtiges Fest für den Betrachter. Im Januar folgen die *„soldes"*: der Ausverkauf der Wintersachen. Diese Wintermonate sind auch der Höhepunkt des kulturellen Lebens in Paris.

3. Das Wochenende in Paris

Der Samstag

Der Samstag in Paris unterscheidet sich nicht von den normalen Wochentagen. Denn alle Geschäfte haben geöffnet – die großen Läden und die Kaufhäuser bis 19 Uhr, kleinere Geschäfte fast bis 20 Uhr. Wer einkaufen möchte, sollte jedoch den Samstagnachmittag vergessen. Denn einer Gewohnheit zufolge geht die Pariserin nachmittags so gegen 15 Uhr aus zum „*shopping*": Dann ist es so voll, daß Einkaufen keine große Freude mehr macht.

Die Banken sind am Samstag zu, sie schließen am Freitag bereits um 17 Uhr. Und auch in den Büros wird am Samstag nicht gearbeitet.

Der Sonntag in Paris

Paris wirkt am Sonntagvormittag nie so tot wie eine deutsche Großstadt. Bis 13 Uhr nämlich haben die kleinen Tante-Emma- und Feinkostläden um die Ecke geöffnet und auf vielen Plätzen gibt es kleine Märkte im Freien, wo man Obst und Gemüse, Fisch und Fleisch kaufen kann. Brot kauft der Pariser auch am Sonntag grundsätzlich frisch. In jedem Viertel bleibt eine Bäckerei bis 20 Uhr geöffnet. Die „Djerbiens", so werden die Pariser Tante-Emma-Läden genannt, weil sie fast alle immer noch von Tunesiern aus Djerba geführt werden, machen noch später zu.

Leider aber schließen sonntags viele Restaurants und es ist sehr schwer, ein geöffnetes Café zu finden. Problematisch wird es für den ausländischen Besucher erst recht am Sonntagmittag. Man kann dann nur das tun, was auch der Pariser macht: Entweder ins Kino gehen (wozu man sich dann in eine der weniger beliebten Schlangen einordnen muß) oder ins Museum.

Es soll jedoch nicht verschwiegen werden, daß gerade am Sonntagmittag die Museen überfüllt sind. Schwer zu sagen, ob der Andrang damit zu tun hat, daß die städtischen Museen dann billiger sind als während der Woche. Der Besuch in staatlichen Museen ist ohnehin kostenlos am Sonntag.

Pariser, die nicht zu Hause bleiben, fahren, wenn sie es sich leisten können – zu den berühmten Badeorten Deauville und Trouville an die Atlantikküste, andere verbringen das Wochenende in ihren Landhäusern in der Normandie. Alle kehren sie dann zur gleichen Zeit wieder nach Paris zurück. So entstehen die hinreichend bekannten „*bouchons*", die endlosen Autoschlangen, die sonntagabends nach Paris hineindrücken. Wer zu Hause geblieben ist, hört von diesem „*bouchons*„ im Radio und freut sich, daß er nicht mit den anderen im Verkehrschaos steckt.

4. Das Wetter

Die Nähe des Atlantischen Ozeans – er ist nur hundert Kilometer entfernt – sorgt dafür, daß das Klima in Paris wesentlich milder ist als in Deutschland. Im Winter wird es nicht kalt. Selten sinkt das Thermometer unter Null Grad. Bis Ende Dezember blühen oft noch die Geranien vor den Fenstern und auf den Terrassen.

Nach einem recht kurzen Winter kommt der Frühling schon sehr zeitig. Allerdings bringt er ziemlich viel Regen mit. Der Sommer kann sehr heiß sein und ist dann – wie in jeder Großstadt – ziemlich unangenehm.

Man sollte für den Winter in Paris nicht zu dicke Kleidung einpacken. Im Menschengedränge von Metro, Kaufhaus und an anderen Orten wird einem ohnehin warm genug. Mit Bluse und einem nicht zu dicken Mantel ist man gut angezogen. Für das Frühjahr empfiehlt sich ein Regenmantel. Vor allem während der feucht-windigen und kühlen Monate März und April tut er gute Dienste. Auch einen Schirm sollte man nicht vergessen.

5. Was kommt in den Koffer?

Die sprichwörtliche Eleganz der Pariserin ist ein Mythos. An diesen Mythos glauben die Leute umso mehr, je weiter sie von der französischen Hauptstadt entfernt sind. Bei einer Umfrage bekundeten nur 58 Prozent der Pariserinnen, daß sie sich selbst für besonders gut gekleidet halten. In der französischen Provinz hingegen glauben 76 Prozent an die vielbeschworene Eleganz der Pariserin. Michel Perlmann, Korrespondent der türkischen Zeitung „Miliyet" meinte, er bedaure zutiefst die Abwesenheit jenes Traumwesens auf den Pariser Straßen, das man immer in den Zeitschriften abgebildet sehe. Und Louis Bernard Robitaille von „la presse canadienne" brachte die Sache vollends auf den Punkt. Er teilte die Pariserinnen in zwei Gruppen: Entweder seien sie sehr modisch und sexy angezogen, sagte er, oder sie ähnelten mehr einer Concierge.

Die Pariserin aus dem Modejournal und jene von der Straße gehören also zwei gänzlich verschiedenen Welten an. Aufs Ganze gesehen ist die Pariserin längst nicht so „*chic*", wie man uns glauben machen möchte, abgesehen von ein paar Straßen, die für ihre Eleganz bekannt sind, wie die Rue Montaigne, die Rue Victor Hugo, die Rue du Faubourg St. Honoré und die Place Vendôme sowie die Place de la Madeleine. Grob gesagt gilt das rechte Seineufer (*rive-droite*) als eleganter als das linke Ufer (*rive gauche*).

Man fällt also nicht auf, wenn man für eine Paris-Reise die Sonntags-kleider zuhause läßt. Es ist wesentlich sinnvoller, praktische Kleidung und bequeme Schuhe mitzunehmen. Diese Stadt erobert man näm-lich am besten zu Fuß. In Paris kann man stundenlang spazierenge-hen. Alle wichtigen Sehenswürdigkeiten liegen letztlich doch wieder relativ nahe beieinander.

DER TIP

Ein Rat: 2 Tage vor der Abfahrt sollten Sie sich noch-mals vergewissern, daß das Hotelzimmer reserviert ist und die Zeit der Ankunft anmelden, vor allem, wenn Sie spät eintreffen, sonst könnte das Zimmer vergeben werden.

6. Hotelreservierung und Hotelvorschläge

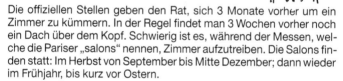

Je früher, desto besser

Die offiziellen Stellen geben den Rat, sich 3 Monate vorher um ein Zimmer zu kümmern. In der Regel findet man 3 Wochen vorher noch ein Dach über dem Kopf. Schwierig ist es, während der Messen, wel-che die Pariser „salons" nennen, Zimmer aufzutreiben. Die Salons fin-den statt: Im Herbst von September bis Mitte Dezember; dann wieder im Frühjahr, bis kurz vor Ostern.

Wo reservieren?

Hier ein paar offizielle Adressen, die Sie von Deutschland aus, per Telefon oder Brief, kontaktieren können.
S.O.S. Hotel France, 51 rue Notre-Dame de Lorette, 9ème arr. Tel. 45 26 08 07.
Es bietet Zimmer in Hotels mit einem Stern (200 F) bis zu 4-Sterne-Hotels (500 F). Außerhalb der Messezeit kann S.O.S. Hotel auch inner-halb von zwei Tagen ein Zimmer besorgen.
Paris Accueil, 23 rue de Marignan, 6ème arr. Tel. 42 56 20 00.
Es bietet kein Hotelzimmer, sondern Übernachtungen in Studios ab 200 F, in Appartements ab 350 F. Viel billiger, ab 150 F mit Frühstück, ist ein Zimmer in einer Familie (200 F für 2 Personen).
Café Couette, 8 rue de l'Isly, 8ème arr. Tel. 42 94 92 00
Zimmer in einer Familie. Verschiedene Preise, je nach Komfort und Lage.

Location Orion, 39 rue de Surene, 8ème arr. Tel 42 66 33 26.
Es bietet in dem Hallenviertel (4 rue des Innocents, 1er arr.) Studios für 2 bis 3 Personen zwischen 400 und 500 F und 2 Zimmer-Wohnungen für 6 Personen ab 500 F.
Cidotel, Tel 47 23 01 20.
Nimmt Reservierung für die sechs folgenden Luxushotels auf: De Castille, Elysée-Ponthieu, Bassano, Marignan, Baltimore, Caumartin. Pro Person ab: 500 F.
Hotel Lutetia, 43 bld Raspail, 6ème arr. Tel. 45 44 38 10.
Das Haus hat eine herrliche Fassade aus dem Jahr 1910. Die Zimmer sind jüngst erst von der bekannten Mode-Stylistin Sonia Rykiel im Art-Deco Stil restauriert worden. Zimmer ab 650 F für eine Person und 750 F für 2 Personen. Die Brasserie des Hotels, mit einem ausgefallenen Dekor des Topdesigners Slavik, ist vor allem abends gut besucht (Menüs ab 65 F).

Die Hotels, die wir in der folgenden Liste aufführen, liegen alle im Zentrum der Hauptstadt und damit in der Nähe der meisten Sehenswürdigkeiten. Es sind Viertel, in denen sich Frauen sicher bewegen können. Die Preise pendeln zwischen 280 und 400 F; jedes Zimmer ist für 2 Personen gedacht, häufig mit Doppelbett, aber auch mit einem französischen Bett (1,40 Meter Breite). Jedes Zimmer hat WC und Dusche. Das Frühstück ist nicht im Preis enthalten.

1. Arrondissement

Hotel des Ducs d'Anjou
1 rue Sainte-Opportune
Tel. 42 36 92 24

Family Hotel
35 rue Cambon
Tel. 42 61 54 84

Grand Hotel de Champagne
17 rue Jean-Lantier
Tel. 42 61 50 05

Hotel le Loiret
5 rue des Bons-Enfants
Tel. 42 61 47 31

Hotel Montana-Tuileries
12 rue Saint-Roch
Tel. 42 60 35 10

Hotel de la Place du Louvre
21 rue des Prêtres-St. Germain
l'Auxerrois, Tel 42 33 78 68

Hotel Prince Albert
5 rue rue Saint-Hyacinthe
Tel. 42 61 58 36

Hotel Royal Saint-Honoré
13 rue d'Alger
Tel. 42 60 32 79

Timhotel le Louvre
4 rue Croix-des-Petit-Champs
Tel. 42 60 34 86

Hotel des Tuilleries
10 rue Saint-Hyacinthe
Tel. 42 61 04 17

Hotel Violet
7 rue Jean-Lantier
Tel. 42 33 45 38

2. Arrondissement

Hotel Cusset
95 rue de Richelieu
Tel. 42 97 48 90

Hotel Favart
5 rue Marivaux
Tel. 42 97 59 83

Timhotel
3 rue de la Bandue
Tel. 42 61 53 90

3ème Arrondissement

Hotel du Marais
2 bis rue des Commines
Tel. 48 87 78 27

Hotel Roubaix
6 rue Greneta
Tel. 42 72 89 91

4ème Arrondissement

Hotel de la Bretonnerie
22 rue Sainte-Croix de La
Bretonnerie, Tel. 48 87 77 63

Hotel des Celestins
1 rue Charles-Cinq
Tel. 48 87 87 04

Hotel des deux Iles
59 rue Saint-Louis-en-l'Ile
Tel. 43 26 13 35

Hotel de la Place des Vosges
12 rue de Birague
Tel. 42 72 60 46

Hotel du Quatrieme
rue du Bourg-Thibourg
Tel. 42 78 47 39

Hotel Saint-Merri
78 rue de La Verrerie
Tel. 42 78 14 15

Hotel Saint-Louis
75 rue Saint-Louis-en-l'Ile
Tel. 46 34 04 80

5ème Arrondissement

Hotel des Alliés
20 rue Berthollet
Tel. 43 31 47 52

Hotel du Bresil
10 rue Le Goff
Tel. 46 33 45 78

Hotel Colbert
7 rue de l'Hôtel-Colbert
Tel. 43 25 85 65

Hotel du College de France
7 rue Thénard
Tel. 43 26 78 36

Hotel du Museum
9 rue Buffon
Tel. 43 31 51 90

Hotel Saint-Jacques
35 rue des Ecoles
Tel. 43 26 82 53

6ème Arrondissement

Hotel de l'Abbaye St.-Germain
10 rue Cassette
Tel. 45 44 38 11

Hotel d'Angleterre
44 rue Jacob
Tel. 42 60 34 72

Hotel du Danemark
21 rue Vavin
Tel. 43 26 93 78

Hotel Delavigne
1 rue Casimir Delavigne
Tel. 43 29 31 50

Hotel de l'Aveniér
65 rue Madame
Tel. 45 48 84 54

Hotel de Ferrandi
92 rue du Cherche-Midi
Tel. 45 48 05 37

Grand Hotel des Prinicipautés Unies 42-44 rue de Vaugirard
Tel. 46 34 44 90

Hotel d'Isly
29 rue Jacob
Tel. 43 29 59 96

Hotel la Louisiane
60 rue de Seine
Tel. 43 26 97 08

Hotel Montana
28 rue Saint-Benoît
Tel. 45 48 62 15

Hotel les Marronniers
21 rue Jacob
Tel. 43 25 30 60

Hotel de l'Odéon
13 rue Saint-Sulpice
Tel. 43 25 70 11

Hotel Pas-de-Calais
59 rue des Saints-Pères
Tel. 45 48 78 54

Hotel Perreyve
63 rue Madame
Tel. 45 48 35 01

Hotel Scandinavie
27 rue de Tournon
Tel. 43 29 67 20

Hotel de Seine
52 rue de Seine
Tel. 46 34 22 80

Hotel Saint-Sulpice
7 rue Casimir Delavigne
Tel. 46 34 23 93

Hotel des Saints-Pères
65 rue des Saints-Pères
Tel. 45 44 50 00

Hotel du Vieux Paris
9 rue Gît-Le-Coeur
Tel. 43 54 41 66

Welcome Hotel
66 rue des Seine
Tel. 46 34 24 80

Pension les Marronniers
78 rue d'Assas
Tel. 43 26 37 71

Pension Littré
42-44 rue d'Assas
Tel. 45 48 37 71

7ème Arrondissement

Hotel la Bourdonnais
111 av. de La Bourdonnais
Tel. 47 05 45 42

Hotel Bourgogne et Montana
3 rue de Bourgogne
Tel. 45 51 20 22

Hotel Chomel
15 rue Chomel, Tel. 45 48 55 52

Hotel Kensington
79 av de La Bourdonnais
Tel. 47 05 74 00

Hotel Lenox
9 rue de l'Université
Tel. 42 76 10 95

Hotel de Lille
40 rue de Lille
Tel. 42 61 29 09

Hotel Lindbergh
5 rue Chomel
Tel. 45 48 35 53

Hotel Mars
117 av. de La Bourdonnais
Tel. 47 05 42 30

Hotel du Pavillon
54 rue Saint-Dominique
Tel. 45 51 33 54

Hotel du Quai Voltaire
19 Quai Voltaire
Tel. 42 61 50 91

Hotel Residence d'Orsay
93 rue de Lille
Tel. 47 05 05 27

Hotel Saint-Germain
88 rue du Bac
Tel. 45 48 62 92

Hotel Saint-Simon
14 rue Saint Simon
Tel. 45 48 35 66

Hotel Solferino
91 rue de Lille
Tel. 47 05 85 54

Splendid Hotel
29 av. de Tourville
Tel. 45 51 24 77

Hotel Tourville
16 av. de Tourville
Tel. 47 05 52 15

Hotel Turenne
20 av. de Tourville
Tel. 47 05 99 92

Hotel de Varenne
44 rue de Bourgogne
Tel. 45 51 45 55

Hotel Verneuil Saint-Germain
8 rue de Verneuil
Tel. 42 60 24 16

8ème Arrondissement

Hotel Alison
21 rue de Surène
Tel. 42 65 54 00

Hotel d'Angleterre-Champs Elysées, 91 rue de La Boétie
Tel. 43 59 35 45

Hotel Atala
10 rue Châteaubriand
Tel. 22 14 31

Hotel Bradford
10 rue St. Philippe-du-Roule
Tel. 43 59 24 20

Hotel Brescia
16 rue Edimbourg
Tel. 45 22 14 31

Hotel Colisée
6 rue du Colisée
Tel. 43 59 95 25

Hotel Elysées
10 rue de La Boétie
Tel. 43 59 23 46

Hotel Elysées Star
63 rue Galilée
Tel. 47 20 41 73

Hotel Lancaster
7 rue de Berri
Tel. 43 59 90 43

Hotel Lord Byron
5 rue Châteaubriand
Tel. 43 59 89 98

Hotel du Ministère
31 rue de Surène
Tel. 42 66 21 43

Hotel Opal
19 rue Tronchet
Tel. 42 65 77 97

Hotel Powers
52 rue François 1er
Tel. 47 23 91 05

Hotel Queen Mary
9 rue Greffulhe
Tel. 42 66 40 50

Hotel Résidence St. Phillippe
123 rue du Fbg. St. Honoré
Tel. 43 59 86 99

Hotel San-Régis
12 rue Jean-Goujon
Tel. 43 59 41 90

Hotel Washington
43 rue Washington
Tel. 45 61 10 76

14ème Arrondissement

Hotel l'Aiglon
232 bvd Raspail
Tel. 43 20 82 42

Hotel Lenox
15 rue Delambre
Tel. 43 35 34 50

Hotel Messidor
330 rue de Vaugirard
Tel. 48 28 03 74

16ème Arrondissement

Hotel d'Angleterre
21 rue Copernic
Tel. 45 53 40 27

Hotel l'Ambassade
79 rue Lauriston
Tel. 45 53 41 15

Hotel Alexander 102 av. Victor Hugo Tel. 45 53 64 65	**Hotel Mont Blanc** 51 rue Lauriston Tel. 47 27 49 67
Hotel Farnese 32 rue Hamelin Tel. 47 20 56 66	**Résidence Morgane** 6 rue Keppler Tel. 47 20 35 72
Hotel du Bois 11 rue du Dôme Tel. 45 00 31 96	**Résidence Chalgrin** 19 rue Chalgrin Tel. 45 00 19 91
Hotel de Longchamp 68 rue de Longchamp Tel. 47 04 42 90	**Hotel Regina de Passy** 6 rue de La Tour Tel. 45 24 43 64
Hotel Massenet 5 bis rue Massenet Tel. 45 24 43 03	**Hotel Sylvia** 3 rue Pergolése Tel. 45 00 38 12

7. Was machen, wenn man kein Hotelzimmer hat?

Man kann den Taxifahrer fragen. Kann sein, daß er bereits weiterhelfen kann.

Man geht zum *Office de Tourisme de Paris*. Das Hauptbüro, 127 avenue des Champs-Elysées, (8 éme arr. Metro: George V. Tel. 47 23 61 72) hat jeden Tag von 9 bis 20 Uhr auf, am Sonntag bis 18 Uhr.

Das Office hat 2 Vertretungen: Am Gare de l'Est (geöffnet von 8 bis 13 Uhr und von 17 bis 20 Uhr; sonntags geschlossen), am Gare du Nord (jeden Tag auf, von 8 bis 20 Uhr; am Sonntag von 13 bis 20 Uhr).

DER TIP

Ärger kann es geben, wenn man nach dem Haarewaschen den mitgebrachten Fön benutzen will, denn – es lebe Europa! – ein deutscher Stecker paßt nicht in eine französische Steckdose. Es lohnt sich also, bereits in Deutschland einen passenden Zwischenstecker zu besorgen und mitzunehmen – oder aber man besitzt einen Fön mit Batteriebetrieb.

II. Wie bewegt man sich in Paris?

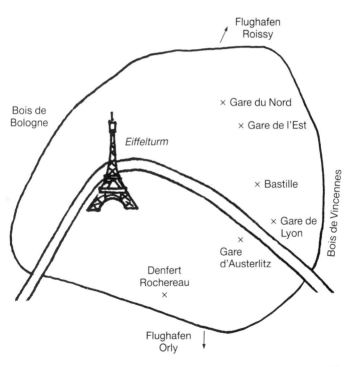

1. Wo kommt man an?

Bahnhöfe

Gare du Nord, Nordbahnhof, 10ème arr.
Metro: Gare du Nord. Auskunft: 42 80 03 03.
Reservierung: 48 78 87 54
Hier kommen die Züge von Norddeutschland (via Köln) und aus Nordfrankreich an. Der Bahnhof hat eine eher trostlose und kalte Atmosphäre. Es ist nicht einfach, sich hier zurechtzufinden. Einen Rat: Wenn Sie mit der R.E.R. aus Richtung Stadt am Bahnhof ankommen, folgen Sie nicht den Schildern „Grandes Lignes", sondern laufen Sie Richtung „Sortie", so daß Sie über der Erde vor dem Bahnhof herauskommen. Und gehen Sie erst von hier aus in den Bahnhof hinein. Es ist der einfachste Weg, zu seinem Zug zu kommen. In dem Viertel um den Bahnhof hat sich seit 100 Jahren nichts geändert. Früher wohnten hier die *„cheminots"*, die Eisenbahner, und hier wurde *„la bête humaine"* von Zola gedreht, mit Jean Gabin in der Hauptrolle.
In der Brasserie „Terminus Nord" gegenüber dem Bahnhof bekommt man das ganze Jahr frische Austern. Jeden Tag geöffnet bis 1 Uhr nachts.
In die Stadt fahren vom Bahnhof aus: Die Busse 42, 43, 46, 47, 48, 49, die Metro 4, 5, 7 und die R.E.R. B

Gare de l'Est, Ostbahnhof, 10ème arr.
Metro: Gare de l'Est. Auskunft: 42 08 49 90.
Reservierung: 42 06 49 38.
Hier kommen die Züge aus Süddeutschland (via Baden-Baden), aus Mannheim (via Nancy) und aus Strasbourg und Mulhouse an.
Der Bahnhof ist sehr übersichtlich und liegt in einem Viertel mit anheimelnder Atmosphäre. Hier haben sich schon vor Zeiten die aus dem Elsaß gebürtigen Franzosen niedergelassen, so daß man von dieser Gegend noch heute als vom Elsaß von Paris spricht. Daher ist es kein Wunder, daß man dort auch zahlreiche typische Brasserien findet, in denen man gut essen und trinken kann. Unter anderem in: Brasserie de l'Est, mit einem „Dekor 1900", 7 rue de 8-Mai 1945 oder La Strasbourgeoise, 5 rue du 8-Mai 1945. Wie die meisten Lokale im Viertel sind die beiden Brasserien täglich geöffnet, von 11 Uhr morgens bis 2 Uhr nachts. Hier bekommt man das ganze Jahr Meeresfrüchte. In die Stadt fahren die Busse 30, 31, 32, 38 und 39; die Metros 4, 5 und 7.

Auf diesen beiden Bahnhöfen findet man: Kioske mit deutschen Zeitungen, eine Vertretung des *Office du Tourisme*, in dem man Geld wechseln, nach einer Unterkunft fragen, Stadtpläne sowie Prospekte bekommen kann.
Der Ausgang zu Bus, Metro, R.E.R. und Taxi ist gut ausgeschildert.

Die SNCF ist die französische Staatsbahn; das zentrale Auskunfts-büro hat die Telefonnummer 42 61 50 50.

Es ist natürlich am bequemsten mit dem Taxi ins Hotel zu fahren. Es kann einem jedoch passieren, daß die Wartezeit am obligatorischen Taxistandplatz fast eine Stunde dauert, bis man an der Reihe ist. Das kommt am Wochenende, vor allem gegen Abend, nicht selten vor. Wenn Sie innerhalb des Stadtgebietes wohnen, dürfte die Taxifahrt 50 F nicht überschreiten. Billiger ist es auf jeden Fall mit der Metro oder mit dem Bus.

Gare de Montparnasse, 15ème arr.
Er betrifft nur die Touristin, die Richtung Westen fahren will. Hier rekrutieren die Pariser Zuhälter ihre Beuten: Junge, naive Mädchen aus der Bretagne, die nach Paris kommen mit der großen Hoffnung den Traumjob zu kriegen.
Le Nid, rue St. Maurice im 12ten arr.: Zufluchtsort für die hilflo-sen Mädchen. Er funktioniert ausschließlich mit freiwilligen Frauen.

Flughäfen

Charles de Gaulle-Roissy, 15 km im Norden von Paris. Alle Flüge aus Deutschland und nach Deutschland landen und starten hier. Tel. 48 62 22 80.
Den Weg zwischen Stadt und Flughafen fährt man am billigsten, und ziemlich sicher und schnell mit Bussen oder der R.E.R.
<u>RATP-Busse:</u> No 350 fährt alle 15 Minuten ab dem *Gare du l'Est*; No 351 pendelt alle halbe Stunde ab *Nation*. Dauer der Fahrt: jedesmal etwa eine Stunde. Preis: 6 Metrotickets.
<u>Air-France-Bus:</u> Er pendelt alle 20 Minuten ab der *Porte-Maillot*. Dauer der Fahrt: etwa 35 Minuten. Preis: 27 F (das Ticket vorher am Air-France-Schalter kaufen).
<u>R.E.R.-Linie B:</u> Roissy-Rail fährt ab dem *Gare de Nord*, alle 15 Minu-ten. An der Endstation muß man in einen Bahnbus umsteigen. Preis: 22 F (einen Extraschein kaufen).

Orly, 15 km im Süden von Paris. Interessant, wenn man aus Stras-bourg oder der Schweiz nach Paris fliegt. Tel. 49 75 75 75.
Auch hier stehen Bus und R.E.R.-Verbindungen dem Reisenden zur Verfügung.
Der <u>RATP-Bus</u> 215 pendelt alle 15 Minuten zwischen der R.E.R.-Sta-tion *Denfert-Rochereau* und dem Flughafen. Fahrzeit: 25 Minuten.

Preis: 6 Metrotickets.

Der <u>Air-France-Bus</u> fährt ab dem Air-France-Bahnhof *Invalides* ab. Dauer der Fahrt: 20 Minuten. Preis: 27 F (die Karte vorher am Schalter kaufen).

<u>R.E.R.-Linie C</u> fährt nicht ganz bis zum Ziel; man muß in einen Pendelbus umsteigen. Fahrtzeit: 50 Minuten. Preis: 22 F (einen Extra-Schein kaufen).

Mit dem Auto nach Paris?

Nein, nein, die Pariser wissen selbst nicht, wohin mit dem eigenen Wagen!
Frauenparkplätze:
Die Idee ist offenbar noch nicht bis zur Seine-Metropole vorgedrungen.

2. Verschiedene Verkehrsmittel

Paris zu Fuß

Im Gegensatz zu vielen Metropolen dieser Größenordnung (London zum Beispiel) ist das dichtbebaute Paris relativ gut zu Fuß zu erkunden. Mit gutem Schuhwerk läßt sich die halbe Stadt durchwandern, ohne sich in die Metro oder einen Bus flüchten zu müssen. Wenn einen aber die Kräfte verlassen, so ist die nächste Metro-Station nie länger als höchstens zehn Minuten entfernt. Noch dichter ist das Autobus-Netz. Zu empfehlen: Plan de Paris par Arrondissement (45 F).

PLAN DE
PARIS
par
Arrondissement

Nomenclature des rues avec la
station du métro la plus proche

avec *Répertoires*

A. LECONTE - Editeur
PARIS

Mit Bus-Metro und R.E.R. der RATP

Paris-Sésame

Die RATP (die Pariser Metro-R.E.R. und Bus-Gesellschaft) bietet den Touristen ein sogenanntes *„billet touristique"*. Es ist nur interessant, wenn Sie viel Bus fahren.
Für 2 Tage kostet das Billet 53 F, 4 Tage 85 F und eine Woche 141 F. Mit der Paris-Sésame-Karte, die sowohl für Metro und R.E.R. und Bus gültig ist, können Sie die erste Klasse benutzen, ohne Aufschlag.

Das *„Paris-Sésame-Billet"* ist in den Metro- und R.E.R.-Stationen zu kaufen, sowie an den Bahnhöfen und Flughäfen (bureaux SNCF). Das Office du Tourisme (127, avenue des Champs-Elysées) und die RATP (53 bis Quai des Grands-Augustins) verkaufen auch die Sésame-Karte.

Die R.E.R.-Station Les Halles   *(Photo: B. Chanéac)*

Für die Kinder gibt es den billigeren Tarif *„prix réduit"*.
Das *„Paris-Sésame"* gilt auch für die Autobuslinien, die zum Flughafen fahren, für die Seilbahn zum Montmartre (le funiculaire de Montmartre am Square Willette Metro: Abbesses) und auch für die Mini-Busse, die durch Montmartre fahren.
Es sind die Montmartrebusse, die alle 10 Minuten um den berühmten Place du Tertre herumfahren; Abfahrt am Place Pigalle (Metro: Pigalle) und am Place Joffrin (Metro: Joffrin).

Besonderheit bei der R.E.R.: Sie hält nicht automatisch an jeder Station der betreffenden R.E.R.-Linie, sondern nur an jenen Stationen, deren Namen auf der Orientierungstafel beleuchtet sind.
Es gibt nur die drei R.E.R.-Linien: A, B, C.
Linie A: St.-Germain-La Défense nach Vincennes
Linie B: Denfert-Rochereau nach Roissy-Charles de Gaulle
Linie C: Gare d'Austerlitz nach Versailles

Die Carte orange

Wenn Sie eine Woche in Paris bleiben, dann lohnt es sich, die Carte orange zu kaufen. Sie kostet nur 49 F, ist gültig sowohl für Busse, Metro und R.E.R. Für den Preis dürfen Sie nicht in die erste Klasse steigen. Ein Paßbild mitbringen!
Einziger Nachteil: Sie ist zwar für eine ganze Woche gültig, aber nur von Montag bis Sonntag.
In den Metro-Stationen zu kaufen.

Tageskarte

Sie kostet 21 F.

Mit der Metro

Mit der Metro und der R.E.R. (réseau express régional), deutschen S-Bahnen vergleichbar, bewegt man sich in Paris am schnellsten und am billigsten.
Man braucht meistens nur ein paar Minuten zu laufen, um einen Metroeingang zu finden. Es gibt über 350 Stationen und 15 Linien.
Wie die Bus- und R.E.R.-Pläne sind auch die Metro-Pläne in den Hotels kostenlos zu haben. Sonst bekommt man sie in den Metrostationen. Dort gibt es auch große Wandpläne, mit Leuchttafeln, wo man auf Knopfdruck erfahren kann, wie man zum Ziel kommt.
Die Tickets bekommt man in den Stationen, aber auch in den *„cafés-tabac"*. Ein Ticket kostet 5 F (7 F für erste Klasse).
Am billigsten kauft man sie per *„carnet"* d.h. zu zehn Stück; es kostet 31 F 20 (47 F für die erste Klasse).
Für die Kinder gibt es den *„tarif réduit"*, also den billigeren Tarif.
Vor 9 Uhr und nach 17 Uhr kann jeder auch die erste Klasse benutzen.

Seit dem Frühjahr 1988 gibt es endlich einen Schnittpunkt zwischen den beiden R.E.R.-Linien B und C an der Station St. Michel. Dadurch läßt sich z.B. das neue vielbesuchte Museé d'Orsay leichter erreichen.

Außerdem ist die Metro-Station **Cluny-Sorbonne** nach ihrer Schließung vor fast 50 Jahren wieder geöffnet worden. Der Eingang befindet sich an der Kreuzung Bld. St. Germain / Bld. St. Michel. Sie ist eine
neue Station der Metro-Linie 10. Besonderheit: Der Maler Jean
Bazaine hat die Station mit einem 480 Quadratmeter großen Mosaik
ausgestaltet, auf dem 52 Persönlichkeiten verewigt sind, die in diesem Viertel gewohnt haben. Ein langer unterirdischer Gang verbindet
die beiden neuen Stationen der Metro und R.E.R. Aufpassen: die Station Chambre des Députes heißt nun Assemblée Nationale.

Eine schöne alte Métro-Station: Abbesses   (Photo: B. Baxter)

Mit dem Bus

Am interessantesten ist es, mit dem Bus durch Paris zu fahren, auch
abends.
Metro-Tickets gelten auch für den Bus. Sie sind, wenn man sie beim
Busschaffner kauft, jedoch teurer als am Metroschalter.
Die Busse fahren ab 6.30 Uhr, im Zeittakt von etwa 10 Minuten. Aber
nicht alle Busse fahren nach 20 Uhr und am Sonntag. Exakte Auskunft
bietet der Bus-Taschen-Streckenplan, den die RATP gratis abgibt.
Er weist auch auf gewisse Buslinien, die zu den Hauptsehenswürdigkeiten der Stadt fahren, hin. Zu finden ist der Plan: an den Endstatio-
nen der Omnibuslinien, in den Auskunftstellen der RATP, 53 bis Quai
des Grands Augustins, 6ème arr. Metro: St. Michel, sowie an den
Bahnhöfen. Fragen Sie nach dem *„plan de poche des réseaux RATP"*.

DER TIP

*Ab Mitte 1990 sorgen nach der Planung der Regierung über hundert speziell ausgebildete Polizisten für mehr **Sicherheit in der Metro**. Sie werden und wurden eigens für diesen Einsatz ausgebildet und müssen z. B. mindestens 1 Meter 80 groß sein.*

Im Prinzip ist es auch für eine Frau nicht gefährlich, in der Metro zu fahren. Dennoch ist es sicher nicht schlecht, ein paar Vorsichtsmaßnahmen zu beachten. In jedem Fall empfiehlt sich eine Umhängetasche mit Reißverschluß, die man „à la parisienne" trägt, das heißt, um den Hals hängend auf dem Bauch, und die Hand darauf. Es gibt kleine Gruppen von Mädchen zwischen 7 und 10 Jahren, die „citronnelles" genannt, welche durch ihren leicht verwahrlosten Eindruck auffallen, und mit großem Geschick Geldbörsen aus Handtaschen stehlen.

Teuren Schmuck ostentativ zu tragen, könnte von Dieben als Provokation verstanden werden. Man kann während eines Parisaufenthalts gut darauf verzichten. Um jeder Gefahr aus dem Wege zu gehen, sollte man vermeiden, als Frau nach 21 Uhr allein in der Metro zu fahren und auch nach Möglichkeit nicht umsteigen.

Portemonnaies verschwinden vor allem da, wo großes Gedrängel herrscht: beim Ein- und Aussteigen, am Eingang der Metro, wo die Fahrkarten entwertet werden und in den langen U-Bahngängen, wo sich die „citronnelles" gern an die Touristen heranmachen.

Besondere Vorsicht *ist in den Metrostationen Strasbourg-St.-Denis, Nation, Châtelet geboten, weil dort am meisten passiert. Die Linie 10 ist die Linie der Dealer. Ab 15 Uhr lassen die Pariser Mütter ihre Kinder mit dieser Metrolinie nicht mehr allein fahren.*

Die Metro fährt von 5.30 Uhr bis 0.30 Uhr.
RATP, Telefonnummer: 43 46 14 14.

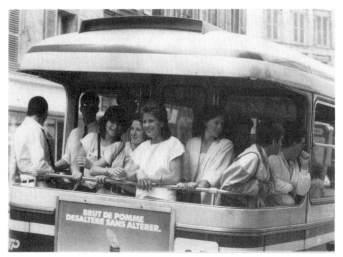

Angenehm sind diese hinten offenen Busse　　　(Photo: B. Chanéac)

Einige Buslinien mit interessanten Routen:
24: Gare St-Lazare, place de la Concorde, Jardin des Tuileries, Louvre, Pont-Neuf, Ile de la Cité, dann rive gauche, also linkes Seineufer mit dem Boulevard St-Germain-des-Prés. In die andere Richtung fährt der Bus zuerst auf dem linken Seineufer, an der Insel St-Louis und der Insel de la Cité vorbei. Dann überquert der Bus die Seine auf der wunderschönen Brücke der Concorde und fährt bis zum gleichnamigen Platz.

26: Gare St-Lazare mit dem sehr interessanten Uhrenturm, Buttes Chaumont (der größte Garten von Paris mit Grotten), place Gambetta im 20ten arr. (Eingang zum Friedhof Père Lachaise), Cours de Vincennes mit dem berühmten Zoo samt seinen Seen und Wäldern.

29: Opéra, rue Rambuteau (in der Nähe der Hallen), Marais, place des Vosges und **Bastille**.

30: Trocadéro, place de l'Etoile, parc Monceau bis zum Fuß von Sacré-Coeur Montmartre.

38: Jardin du Luxembourg, Boulevard St-Michel, dann Überquerung der Insel La Cité, vorbei an Châtelet-les-Halles und dem Hotel de Ville (Rathaus von Paris).

39: Palais-Royal, Louvre, Pont du Carroussel, St-Germain des Prés und die rue Saint-Pères.

42: Überquert den Champ de Mars (schöner Blick auf die Tour Eiffel), Brücke Pont de l'Alma, avenue Montaigne (die Straße der Haute-Couture), einen Teil der Champs-Elysées, place de la Concorde, rue Royale und die Oper.

52: Avenue Victor-Hugo, Etoile, rue du Faubourg-St-Honoré, Opéra, place Vendôme. In dieser Linie trifft man die chicsten Leute von Paris.

62: Paris von Westen bis Osten.

63: Jardin des Plantes, Boulevard St.-Germain-des-Prés (den ganzen, langen Boulevard entlang), überquert die Brücke Pont de l'Alma, Trocadéro. **Institut du Monde Arabe**. Die Linie gilt auch als „feine" Linie.

67: Die einzige Linie, die die charmante Insel Saint-Louis überquert.

73: La Défense, Etoile, die ganze Champs-Elysées entlang bis zur Concorde. **Musée d'Orsay**.

80: Paris von Norden bis Süden (am Friedhof Montmartre vorbei und nah am Elysées-Palace).

82: Tour Eiffel, Palais des Congrès.

84: Panthéon, Jardin du Luxembourg, place de la Concorde, Parc Monceau.

87: Champ de Mars (am Eiffelturm vorbei), Saint-Germain des Prés.

Die Linien 20 und 83: Ihre Besonderheit besteht darin, daß hier Busse eingesetzt werden, die man „à plate-forme extérieure" nennt, d.h., die hinten offen sind.

Die RATP hat jetzt einen sehr guten Bus-Führer herausgebracht. „Le guide Paris Bus". Er kostet 28 F. Sehr zu empfehlen, wenn Sie viel Bus fahren.

Taxi

In Paris an ein Taxi anzukommen kann sehr nervenaufreibend sein. Das Winken auf der Straße ist meistens erfolglos. Am besten geht man zur „*tête de taxi*", d.h. zur Taxistation. Man findet sie vor jedem Bahnhof (am Wochenende muß man häufiger lange warten, bis man dran ist), sowie in der Nähe von vielen Metro- und Busstationen.

Wenn Sie im Hotel wohnen, lassen Sie sich vom Portier ein Taxi besorgen.

Wenn Sie im Telefonbuch unter „Taxi" nachsehen, werden Sie bemerken, daß jedes Arrondissement mehrere Nummern hat. Wählen Sie die Nummer, die ihrem Standort am nächsten ist.

Man kann auch am Vorabend ein Taxi bestellen. Hier einige Nummern: 47 39 32 51; 42 03 99 99; 47 35 22 22;

Es gibt 3 Tarife: A für tagsüber; B für nachts ab 20 Uhr bis 6.30 Uhr; C: für außerhalb. Zu den Flughäfen gilt tagsüber der Nachttarif und nachts der Vororttarif. An Sonn- und Feiertagen gilt der B-Tarif den ganzen Tag. Tarif B ist etwa um 50 %, Tarif C über 100 % teuerer.

Startpreis: 8 F; am Bahnhof kostet es 12 F. Trinkgeld ist nicht Pflicht; 10 % gelten als üblich.

Ein Taxi mit einem Häubchen über dem Dachschild ist außer Dienst.

Während der Fahrt wirft man am besten gelegentlich einen Kontrollblick auf den Taximeter. Der Vordersitz ist meistens für den Hund des Chauffeurs reserviert.

42 02 42 02: Wenn es eilt, zaubert Ihnen diese Nummer umgehend ein Taxi herbei (Taxis bleus).

Ein Pariser Taxihund   *(Photo: L. Garcia)*

DER TIP

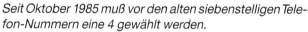

Wie telefoniert man?

Seit Oktober 1985 muß vor den alten siebenstelligen Telefon-Nummern eine 4 gewählt werden.

Also: wenn die Nummer meiner Freundin 456 78 34 war, lautet sie jetzt 4 456 78 34.

In den Departements Val d' Oise und Yvelines fügt man die Ziffer 3 vor die alte Nummer; für Seine-et-Marne und Essonne wird die 6 davorgesetzt.

Von Deutschland nach Paris: 00 33 1 und dann die achtstellige Pariser Nummer.

Von Paris nach Deutschland: 19, auf den Ton warten, dann 49, dann die Vorwahl der betreffenden Stadt (72 21 für Baden-Baden) und die gewünschte Nummer.

Die Null vor der Vorwahl der Stadt weglassen!

Von Strasbourg nach Paris: 16, auf den Ton warten, 1, dann die neue Nummer mit 8 Ziffern.

Die Auskunft in Paris ist 12 für die Stadt selbst und für die Provinz.

Für einen Anruf innerhalb der Stadt braucht man eine 1-Franc-Münze. Die Apparate nehmen keine 20 und 50 centimes mehr an.

Viele Apparate funktionieren inzwischen nur noch mit „cartes", also mit Karten, die man auf der Post, in den bureaux de tabac am Flughafen, kaufen kann.

Die Franzosen selbst kehren zum Telefonieren lieber in einer Bar ein, sei es ein Bistro oder ein Café tabac. Der Apparat steht meistens in der Nähe der Toilette. Man muß nicht unbedingt etwas konsumieren, um telefonieren zu dürfen.

Es gibt eine einzige Stelle in Paris, in der man rund um die Uhr, also auch nachts telefonieren kann: La Poste Centrale, also die Hauptpost, 52 rue du Louvre, 1. arr. Metro: Louvre.

Fahrradvermietung

Am Ausgang einiger Metro- und R.E.R.-Staionen kann man stunden-
weise Fahrräder mieten.

Preis: 20 F. Für Kinder gilt der halbe Tarif.

Vermietung: Metro 1 (Neuilly- Château de Vincennes),Station Château de Vincennes.

R.E.R. A, Station St. Germain en Laye.

R.E.R. B, Station Courcelle-sur-Yvette (vallée de la
Chevreuse).

III. Panorama – Streifzüge durch Paris

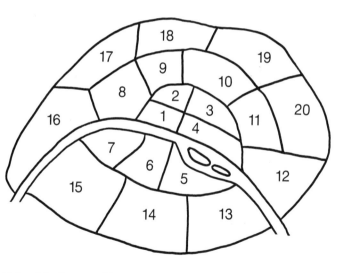

Die 20 Arrondissements von Paris ordnen sich spiralförmig um die Seine.

1. Auskünfte

Wenn man Paris erobern will, erteilen die folgenden Stellen teilweise sehr nützliche Auskünfte:

Office du Tourisme, 127 avenue des Champs-Elysées
8ème arr. Metro: Etoile
Tel. 47 23 61 72

Auch im Bürgermeisteramt von Paris, dem **Hôtel de Ville**, befindet sich ein Informationsbüro für Touristen:

Hôtel de Ville, 29 rue de Rivoli,
4ème arr. Metro: Hotel de Ville
Tel. 42 76 40 40

Tel. 47 20 57 58
Die Nummer gibt rund um die Uhr Auskünfte über touristische Veranstaltungen in deutscher Sprache.

Eine Bar-Café-Tabac
(Photo: B. Chanéac)

Paris-Portrait:

Das Café-Tabac

Jeder Pariser hat sein Café – gleich um die Ecke. Dem bleibt er sein Leben lang treu. Früh morgens trinkt er dort seinen *café noir* oder seinen *café crème*. Croissants liegen auf dem *zinc*, der Theke, parat. Den ganzen Tag über kann man dort ein Sandwich und auch eine Kleinigkeit zu essen bekommen. Abends auf dem Weg nach Hause trinkt man mit den Nachbarn noch schnell einen Apéritif. Die meisten Pariser sehen in ihrem Café ein zweites Zuhause. Hier trifft man sich, flirtet man, liest die Zeitung und bespricht auch schon mal Geschäftliches. In die eigene Wohnung hingegen werden nur die wirklich Eingeweihten vorgelassen, denn nichts ist dem Pariser so heilig wie seine Privatsphäre. Und wenn einem da die Decke auf den Kopf fällt, kann man ja glücklicherweise wieder ins Café gehen.

Viele Cafés sind zugleich auch *bureau de tabac*, d.h. sie verkaufen Zigaretten, Postkarten, Briefmarken, Metro- und Bustickets. Telefonieren kann man auch hier. Die *cafés-tabac* sind durch einen roten Rhombus gekennzeichnet. Sie sind eine typisch französische Einrichtung. Natürlich fehlt auch die Musikbox in der Ecke nicht, die für ein paar Francs die neueste Hitparade spielt.

2. Über den Dächern von Paris –
Paris von oben

Paris ist eine Stadt, die erst einmal von oben und mit den Augen erobert werden will. Ob vom Eiffelturm oder vom Montmartre, dem Hügel im Nordosten von Paris aus: Immer liegt einem ein weites Panorama zu Füßen, ein Häusermeer aus dem die berühmten Bauwerke hoch aufragen und damit eine gute Orientierung ermöglichen.

Es ist also nicht unbedingt ein Helikopter-Flug nötig, um sich einen Gesamtüberblick von der Stadt an der Seine zu verschaffen. Es lohnt durchaus, bei klarem Wetter vom obersten Stock des Centre Pompidou oder von Notre Dame, vom Tour Montparnasse oder vom guten alten Eiffelturm herunterzuschauen.

La Tour Eiffel, 7ème arr, Metro: Bir-Hakeim / Ecole Militaire

Mit 320 Meter Höhe (die Fernsehantennen von 20 Metern mitgerechnet) ist die 100 Jahre «alte Dame» immer noch das Symbol der Stadt. Für Touristen, aber auch für Franzosen, die am Sonntag familienweise das höchste Bauwerk Frankreichs besteigen.

Von hier aus hat man einen wunderschönen Blick über ganz Paris und die Umgebung. Bis ganz nach oben lohnt es sich nur bei klarem Wetter. Mit 28 F für Erwachsene bis zur zweiten Etage werden für den Besuch der Tour Eiffel (des Eiffel-Turms) die höchsten Eintrittspreise in Paris überhaupt verlangt. Bis zum dritten Stockwerk, also bis ganz oben, kostet es 42 F für Erwachsene. Aber wenn Sie schon hinaufgehen, dann nützen Sie wenigstens die Einrichtungen im ersten Stock, wie die Post und die Brasserie. Normales Essen mit normalen Preisen ab 50 F. Bei schönem klaren Wetter lohnt es sich, hier eine Pause zu machen.

Im zweiten Stockwerk findet man das luxuriöse Restaurant „Jules Verne", das jüngst von dem Topdesigner Slavik restauriert worden ist. Es bietet eine sehr gute Küche mit etwas hohen Preisen (600 F).

Besteigungszeit des Eiffelturms: täglich von 10 bis 23 Uhr. Wenn Sie Kinder dabei haben, dann laufen Sie anschließend über die Brücke Iéna zum Place Trocadéro, wo die Pariser Rollschuhfahrer die tollsten Akrobatien üben.

La Tour Montparnasse, 15ème arr. Metro: Montparnasse-Bienvenüe

In den 70er Jahren errichtet, wirft der 210 Meter hohe Turm seinen Schatten über das ehemalige Künstlerviertel. Er hat genausoviel Besucher wie der Eiffelturm, vor allem Touristen. Die Franzosen zeigen wenig Interesse für den neuen Turm.

56 Stockwerke mit dem schnellsten Aufzug Europas: In 40 Sekunden ist man ganz oben. Nicht ganz billig: 28 F.

Am Fuß des Turmes: ein Einkaufszentrum mit Boutiquen und mit einer kleineren Niederlassung der Galeries Lafayette. Hier kauft die Pariserin gern ein!

Centre Pompidou, 3ème arr. Metro: Châtelet les Halles

Auch Beaubourg genannt. Dieses nur 74 Meter hohe Gebäude mit einer originellen Rolltreppe an der Außenseite bietet einen sehr schönen Blick über Paris, der bis zum Montmartre reicht, und eine hübsche Aussicht auf das lebendigste Viertel von Paris.

Rund 30 000 Besucher pro Tag. Eintritt frei (Ausnahme: verschiedene Ausstellungen). Die zuvor etwas triste Caféteria wurde vom Architekten Bouchain modernisiert. Statt Selbstbedienung gibt es nun ein Buffet und zur Auswahl zwei Menüs (60 und 150 F). Vor allem im Sommer zu empfehlen: die Dachterrasse. Am Dienstag geschlossen; von 12 Uhr bis 22 Uhr geöffnet. Am Sonntag schon ab 10 Uhr geöffnet.

Im Centre Pompidou finden große Wechselausstellungen statt; das Museum für Moderne Kunst im zweiten Stock ist sehr renommiert.

Vor diesem sehr umstrittenen Gebäude aus Glas und Röhren ist ab Mittag immer etwas los: Auf dem riesigen Platz nach italienischer Art zeigen Gaukler, Feuerfresser, Pantomimen ihre Künste. Hier kann man sich auch porträtieren lassen (für weniger Geld als auf dem Montmartre).

Um das Centre Pompidou herum sollte man doch auf die Handtasche aufpassen. In dem Gedränge passiert schnell was, ohne daß man es merkt. Touristen werden sofort erkannt!

Achtung: Am Sonntag ist die lange, unterirdische Passage von der Metro-Station Les Halles-Chatelet zum Forum des Halles dringend zu vermeiden. Alle Boutiquen sind geschlossen und es herrscht hier eine beängstigende Atmosphäre.

Montmartre, 18ème arr. Metro: Abbesses

Die Metrostation liegt so tief, daß man am besten mit dem Lift hinauffährt.

Zu Fuß, von der Metrostation Abbesses bis zur Kirche Sacré-Coeur, die wie Zuckerguß aussieht, braucht man etwa eine gute Viertelstunde. Es geht durch kleine, malerische Straßen und über viele Treppen (rue Veron, Place Goudeau, rue Ravignan, rue d'Orchampt, rue Lepic).

Wer überhaupt nicht gern läuft, nimmt am besten die „funiculaire", also die Seilbahn, am Square Willette (man erreicht sie über den Place des Abbesses).

Vom Platz vor der weißen Kirche „Sacré-Coeur" aus hat man den Eindruck, daß einem Paris zu Füßen liegt. Es ist besonders hübsch gegen Ende des Nachmittags, wenn die Sonne die ganze Stadt bestrahlt.

Wie der Eiffelturm ist das ganze Viertel um die Kirche Sacré-Coeur ein Mythos, der die Jahre überlebt hat; jeder Franzose wünscht sich, einmal hier gewesen zu sein! Hinter der Kirche liegt der berühmte Place du Tertre mit den vielen Malern (s. Kap. „Die schönsten Plätze von Paris"). Direkt am Fuß der Kirche ist der Marché Saint-Pierre, der bekannteste Pariser Stoffmarkt. Dorthin werden Touristen nie geführt (s. Kap. «Die schönsten Märkte von Paris"), obwohl ein Besuch lohnt.

Zur Erinnerung: Die Montmartrebusse fahren um den Hügel herum, an der Basilika Sacré-Coeur, dem Place du Tertre, an den Weinbergen von Montmartre und dem Bateau-Lavoir (dem Atelier von Picasso) vorbei. Abfahrtzeiten: alle 10 Minuten, Place Joffrin (Metro: Joffrin) sowie Place Pigalle (Metro: Pigalle).

La Samaritaine, 1. arr., Metro: Pont-Neuf

Vom neunten Stockwerk dieses etwas veralteten Kaufhauses, das direkt an der schönen Pariser Brücke Pont-Neuf liegt, die von Cristo für wenige Wochen eingepackt worden ist, hat man eine tolle Aussicht über die Seine und auf Notre-Dame. Im Sommer kann man tagsüber auf der Dachterrasse direkt über dem Seine-Ufer sitzen und dabei eine Kleinigkeit essen.
Hier sind Touristen noch rar!
Eingang: Magasin 2, von 12 bis 15.30 Uhr: Mittagessen, bis 18.30 Uhr: Bar.

*Notre-Dame und die Statue der
St. Geneviève
(Photo: B. Chanéac)*

Notre-Dame, 4ème arr., Metro: Cité

Berühmt durch „Der Glöckner von Notre-Dame" von Victor Hugo, mit dem Glöckner Quasimodo. Um an die 13 Tonnen schwere Glocke zu gelangen, muß man die 387 Stufen hochklettern. Es lohnt sich wegen des Blicks auf die Seine.

Am elegantesten sieht Notre Dame von hinten aus. Gehen Sie in den kleinen anliegenden Garten. Er ist bisher noch ein Geheimtip. Bei Sonnenuntergang wirkt die Kirche besonders beeindruckend und die Rosette am Hauptportal am farbenprächtigsten (wichtig für Fotografen).

Die Außenfassaden – vor allem an der Straße, wo die vielen Busse halten – müssen dringend restauriert werden. Aber wer soll die hohe Rechnung bezahlen: die Kirche oder der Staat?

La Tour d'Argent, 5ème arr. Metro: St-Michel. 15 Quai de la Tournelle.

Wer in diesem renommiertesten Restaurant der Welt ißt, genießt eine einmalige Sicht auf die Ile de la Cité.

Zu Mittag sind die Preise moderater als am Abend (320 F statt 800 F). Es ist keine besondere Kleidung erforderlich. Es ist üblich, daß hier auch Frauen allein oder zu zweit hingehen. Es gibt hier allerdings sehr viele Ausländer, vor allem Amerikaner und Japaner.

Unbedingt vorher einen Tisch reservieren unter der Nummer 43 54 23 31.

L'/Arche

Rechtzeitig zu den 200-Jahr-Feiern der Französischen Revolution wurde zwischen dem Arc de Triomphe und dem Viertel La Défense die Arche eingeweiht, eine Art offenes Tor am Stadtrand von Paris und zugleich eine der wenigen architektonischen Neuschöpfungen der vergangenen Jahre in der Hauptstadt, die im Gegensatz zu den Politikern von den Einwohnern mit sehr gemischten Kommentaren bedacht wurden. Mag sein, daß das Wohlwollen der Politiker seinen lukrativen Grund in der frühzeitigen Anmietung der teuren Büroräume seitens betuchter Interessenten hatte... Für die namhafte Schriftstellerin **Marguerite Duras** ist die Arche jedenfalls „**ein wundervolles Baudenkmal**, das man sich anschauen muß, wenn die Stadt leer ist und alle anderen Gebäude nicht mehr angestrahlt sind".

Arc de Triomphe, 16ème arr. Metro: Etoile/Charles de Gaulle.

Entweder läuft man die 273 Treppen zu Fuß hinauf oder man fährt mit dem Lift (billig). Vor einem liegt die berühmteste Avenue von Paris, die Champs-Elysées. Der Blick, der über den place de la Concorde bis zum Jardin des Tuileries reicht, lohnt.

Vom Platz um den Arc de Triomphe, place de l'Etoile genannt, gehen 12 starkbefahrene Avenues. Ein Alptraum für Autofahrer! Unter dem Triumphbogen brennt seit 1923 eine ewige Flamme auf dem Grab des unbekannten Soldaten, vor dem eine Ehrenwache patrouilliert. Am Samstagnachmittag und am Sonntagvormittag sieht man häufiger Veteranengruppen, die mit Fahnen und Marschmusik die Champs-Elysées hochmarschieren, um einen Blumenkranz am Graf des „*sol-*

dat inconnu" niederzulegen. Ein Greuel für die Polizei, wenn gleichzeitig Demonstranten den größten Platz von Paris durchqueren, möglicherweise noch Pazifisten!

Die Champs Elysées, früher eine der schönsten Prachtstraßen in der ganzen Welt, haben viel von ihrem Ruf verloren. Eine Fülle von fast-food-Läden und die nüchternen Niederlassungen von Fluggesellschaften und Automobilfirmen sowie der dauerhaft lärmende Verkehr haben die Bummelanten vergrault. Der Pariser Bürgermeister Chirac will sich damit nicht abfinden und den Champs Elysées in der Zukunft wieder den früheren Glanz verleihen. Ein Plan hierfür ist in Vorbereitung. Warten wir's ab…!

Institut du monde arabe, 23 quai St. Bernard, 5ème arr.
Metro: Gare d'Austerlitz.

Architekt: Jean Nouvel. Starker Einfluß arabischer Architektur mit wunderschönen Licht- und Schattenspielen der moucharabieh. Hochinteressante Ausstellungen, Konferenzen, Filme. Im 9. Stockwerk bietet ein Panorama-Restaurant mit herrlichem Blick auf die Insel St. Louis und die Kathedrale Notre Dame eine französisch-orientalische Küche zu allerdings stattlichen Preisen (rund 250 F). Jeden Tag geöffnet bis Mitternacht.

3. Bus panoramiques – Parisrundfahrt

Es gibt zwei Gesellschaften, die sich auf organisierte Stadtrundfahrten spezialisiert haben:
Paris Vision: 214, rue de Rivoli, 1. arr.
Metro: Tuileries. Tel: 42 60 30 01

Paris Cityrama: 4 place des Pyramides, 1. arr.
Metro: Tuileries. Tel 42 60 30 14

Die Angebote der beiden Gesellschaften sind quasi identisch: Panoramabusse, mehrsprachige Reiseleitung, ähnliche Preise.
Neulingen in Paris ohne Französisch-Kenntnisse ist die „Ganz-Paris-Rundfahrt" zu empfehlen. Sie dauert drei Stunden und fährt an den Hauptsehenswürdigkeiten vorbei.
Abfahrtszeit jede Stunde zwischen 9.30 Uhr und 15 Uhr. Preis: 150 F. Während der drei Stunden bleiben die Touristen im Bus. **Es werden keine Sehenswürdigkeiten besichtigt**.

Andere Angebote: Historisches Paris (120 F),
Louvre und die Kunstschätze von Paris (180 F),
Paris bei Nacht, Montmartre (120 F).
Weitere Auskünfte über diese Busfahrten beim Office du Tourisme de
Paris, 127 avenue des Champs-Elysées. Tel. 47 23 61 72

Reisegruppen können Führer bei Inter-Guides anfordern.
Inter-Guides: 23, rue Louis-le-Grand, 2. arr., Métro: Opéra. Tel.
42 68 01 04
3 Std. Paris 550 Francs (Gruppenpreis)
½ Tag Versailles 600 Francs (Gruppenpreis)

Das älteste Haus von Paris:
Es soll No 11 u. 13 rue François Miron stehen. Also im Herzen des
Marais-Viertels, 4t. arr. Metro: St. Paul.

Murs peints

Murs peints

Zu Beginn waren es nicht koordinierte Einzelaktionen. Jetzt hat die Stadtverwaltung von Paris ganz offiziell ein eigenes Referat für die „Murs peints", die bemalten Wände, geschaffen.

Zuständig dafür ist Sylvie Puissant, Ingenieur. Sie beauftragt bekannte, aber auch unbekannte Künstler: „Die Auswahl ist sehr subjektiv" meint sie. „Und es spielt für mich zunächst einmal keine Rolle, wer den Auftrag übernimmt und wieviele es sind". Ihre Auswahlkriterien sind vom Charakter eines Viertels abhängig. Am meisten tut sich im Osten der Stadt. Die Technik der optischen Täuschung ist besonders beliebt. Was Madame Puissant besonders freut „Viele Frauen beteiligen sich an dem Wettbewerb. Sie bringen häufig poetische Momente in ihre Werke ein". Oft ist das Bild auf der Mauer das Spiegelbild einer Straße oder eines ganzen Viertels. So erinnert zum Beispiel ein großformatiges Bild in der rue Malmaison (13. arr.) an die Vielvölkergemeinschaft in diesem Quartier. Liste der „Murs peints" 17 Bld. Morland, 4ème arr. Direction de l'aménagement urbain. Tel. 42 76 30 19.

Paris-Portrait:

Die Concierge – eine aussterbende Gattung

Karin E. stammt aus Norddeutschland, lebt seit Jahren in Paris und wäre im Großstadtdschungel schon manches Mal untergegangen, wenn ihr Marcelle nicht mit Rat und Tat zur Seite gestanden hätte. Aus Dankbarkeit setzt sie ihr ein Denkmal:

Marcelle, klein, dick, Knollennase und verschmitzte Augen, ist eine der letzten Conciergen von Paris. Sie lebt in einem der schönen Arrondissements, dem 7., wo die reichen Bürger sich in behäbigen Häusern niedergelassen haben. Doch Marcelles Behausung ist eine fensterlose Wohnküche, deren Glastür auf einen 5 m² großen Innenhof führt. Hinter dieser Glastür verbringt Marcelle ihr Leben. Ihre Aufgabe ist, das Kommen und

Gehen im Haus zu beobachten. Sie hat vor nichts und niemandem Angst. Mit dem Gewehr hinter dem Kühlschrank, meint sie, könne ihr nichts passieren. Gesehen hat allerdings noch keiner diese Flinte. Zwar garantiert Marcelle Besitz und Sicherheit der Bewohner, sie wird von diesen jedoch vor allem als Vertrauensperson in Anspruch genommen. Rund um die Uhr steht sie den Mietern mit Ratschlägen und kleinen Diensten zur Verfügung. Sie hilft vergeßlichen Hausfrauen mit Lebensmitteln aus, verleiht Werkzeug, hilft Wohnungstüren aufbrechen, wenn man den Schlüssel vergessen hat und bietet bei größeren Kümmernissen einen Schnaps an. Marcelle ist die Seele des Hauses. Leise schleicht sie am Morgen in ihren Filzpantoffeln, begleitet von Bibi dem Kater, treppauf, treppab, und holt aus den tiefen Taschen ihrer karierten Kittelschürze die zu verteilende Post hervor. Sie kennt das Leben hinter jeder Wohnungstür. Rechnungen und unheilverkündende Umschläge schiebt sie diskret unter der Tür durch. Angenehme Nachrichten wie Gratulationen, Liebesbriefe und Päckchen übergibt sie mit freudiger Anteilnahme persönlich. Ihr eigenes Leben? – Als junges Mädchen kam sie aus der Normandie und hoffte, in Paris ihr Glück zu finden. Ein paar Jahre später entschied sie sich, das Zusammenleben mit einem „Intellektuellen" (der Gute verdiente sich diesen Titel, weil er von morgens bis abends Kreuzworträtsel löste) aufzugeben. Die Stelle als Concierge bot ihr ein neues Leben. Kinder hat sie keine, ihre Familie ist das Haus. Paris kennt sie so gut wie gar nicht. Einmal, vor Jahren, war sie auf dem Eiffelturm. Nicht mehr als zwei Stunden pro Tag darf sie sich aus ihrer Loge entfernen. Das reicht gerade zum Einkaufen aus oder um mit ihrer Freundin Rosa einen Apéritif im Eckcafé zu trinken. Irgendwann muß sie auf diesen Ausflügen Dominique kennengelernt haben, der bald darauf zu ihr in die mit zahlreichen Nippsachen und Heiligenfiguren ausgeschmückte Loge zog. Dominique ist die große Liebe ihres Lebens. Für ihn dreht sie sich am Samstag die spärlichen Haare auf Lockenwickler und bereitet köstliche Ragouts zu. Er weiß ihre Küche zu schätzen und teilt ihre Neigung für Blumen und Katzen. Liebevoll hegen sie gemeinsam die üppigen Pflanzenkästen im Hof, der zehn Minuten Sonne am Tag bekommt. Manchmal stellt sich Marcelle mit ihrem Kater auf dem Arm in diesen Sonnenfleck und träumt vom Ruhestand. Sie verdient nur 1 800 Francs im Monat (ca. 600 DM), doch wer sie kennt, weiß, daß sie es eines Tages schaffen wird, ihren Traum von einem Bauernhaus und einer Kuh zu verwirklichen. Aber was wird dann aus den Hausbewohnern, ohne Marcelle?

4. Paris zu Wasser erobern

Bei Bootsfahrten auf der Seine trifft man mit Sicherheit auf Franzosen. Denn wie jeder Franzose in seinem Leben einmal auf den Eiffelturm möchte, so möchte er auch einmal mit einem *„bateau-mouche"* auf der Seine fahren. Bei schönem Wetter und abends ist eine solche Fahrt auf dem Wasser eine tolle Sache: Vor allem Kinder haben viel Spaß daran.
3 Möglichkeiten:

Bateaux-mouches, 8ème arr.
Metro: Alma-Marceau (rechtes Seineufer).
Start: Pont de l'Alma.

Vedettes Paris-Tour-Eiffel, 16ème arr.
Metro: Pont Iéna (linkes Seineufer).
Start: Pont Iéna.

Bateaux-vedettes du Pont-Neuf, 8ème arr.
Metro: Pont-Neuf.
Start: Pont Neuf.

Die Touren unterscheiden sich kaum. Abfahrtszeit von April bis Oktober alle halbe Stunde, ab 10 Uhr. Dauer der Fahrt: eine Stunde. Preis 30 F. Kinder unter 10 Jahren bezahlen die Hälfte. Im Sommer wird eine Fahrt durch das beleuchtete Paris für 35 F angeboten. Letzte Abfahrt um 22.30 Uhr. Unterwegs bekommt man Erläuterungen in verschiedenen Sprachen.
Die Bateaux-mouches am Pont de l'Alma (Tel. 42 25 96 10) bieten Fahrten mit „Essen auf dem Boot" an. Das Mittagessen kostet 300 F für Erwachsene; Kinder zahlen die Hälfte. Für 60 F bekommt man gegen 16 Uhr den Tee serviert. Was das Abendessen angeht (500 F) steht auf dem Prospekt „für Kinder nicht geeignet". Die „schwarze Krawatte" auf dem Prospekt deutet auf eine sogenannte feingekleidete Gesellschaft.

„Croisière 1900" sur la Marne – Eine Kreuzfahrt 1900 auf der Marne

Organisiert von „Les Vedettes du Pont-Neuf", findet diese Kreuzfahrt täglich und an Sonntagen, ausgenommen an den „jours fériés", also den Feiertagen wie Weihnachten oder dem 14. Juli statt. Da arbeiten die „éclusiers", die Schleusenwärter, nicht.
Abfahrt am Pont-Neuf, um 9.30 Uhr; Rückfahrt am gleichen Ort um 18 Uhr. Metro: Pont-Neuf.
Man fährt die Seine abwärts, biegt in die Marne Richtung Osten ein und kommt an den berühmten *„Guinguettes"* vorbei: Das waren die

Ausflugslokale der Pariser um die Jahrhundertwende. Sie kamen damals zum Mittagessen hierher, blieben bis abends und tanzten zu Akkordeonklängen.

Die Organisatoren der Kreuzfahrt sind bemüht, schon auf dem Schiff die damalige Athomosphäre wiederzugeben. In gleicher Weise geht es im Lokal „La Goulue" weiter mit Akkordeonmusik, Cabaretisten und Chansons.

Preis: 250 F während der Woche; 300 F sonntags.

Anmeldung bei: OCCAJ 42 81 40 08 oder Les Vedettes du Pont-Neuf 46 33 98 38.

5. Die schönsten Gärten von Paris

Die Pariser besuchen gern ihre Gärten, vor allem den vor ihrer Haustür. Am Wochenende fahren sie aber auch nach dem Mittagessen häufig in einen anderen Park, der sogar auf dem anderen Ufer der Seine liegt.

Rive droite, rechtes Ufer

Jardin des Tuileries, 1. arr. Metro: Concorde.

Zwischen dem Louvre und dem place de la Concorde, der rue de Rivoli und der Seine liegt ein typisch französischer Garten aus der Zeit Ludwig des XIV., die „Tuileries". Unter der Italienerin Katharina von Medici kam es hier erstmals in Mode, daß sich das mondäne Leben im Freien abspielt. Die großartige Anlage des bekannten Garten-Architekten Le Nôtre ist heute mit den berühmten Skulpturen von Maillol geschmückt. Es sind Variationen weiblicher Akte.

Von hier reicht der Blick bis zum Arc de Triomphe im Westen und bis zum Louvre im Osten. Bei schönem Wetter wimmelt es von kleinen Kindern, die Segelschiffe auf den beiden Seen schwimmen lassen.

Wenn Sie Schwalben gern haben... im Jardin des Tuileries versammeln sich alle Pariser Schwalben!

Der Spaziergang von Louvre bis zum Arc de Triomphe durch die Tuileries und die Champs-Elysées ist gut vier Kilometer lang. Ein Spaziergang lohnt also.

In den Tuileries: Musée de l'Orangerie. Am Dienstag geschlossen. Öffnungszeit: von 9.45 Uhr bis 17.15 Uhr. Samstags und sonntags erst ab 11.30 Uhr.
In der Orangerie findet man den berühmten Seerosensaal von Claude Monet.
In der Hauptsaison ist das Museum sehr stark frequentiert.

Eine Skulptur von Maillol in den Tuilerien (Photo: B. Chanéac)

Jardin du Palais Royal, 1.arr. Metro: Palais Royal

Poesie, Nostalgie und Rosenbeete ... Hier sind die Pariser Tauben zu Hause.
In diesem Garten, der nicht weit vom Louvre weg liegt, spielten die beiden Söhne von Anne d'Autriche. Einer der beiden war der zukünftige Louis XIV. Die Schriftstellerin Colette lebte und schrieb in ihrer kleinen, auf den Park gehenden Wohnung – manches am Fenster Erspähte wanderte sogleich aufs Papier und ins Buch.
Seit einiger Zeit laufen Versuche, den Garten wieder attraktiv zu machen. Der Staat hat renommierte Künstler beauftragt, die Anlage mit modernen Skulpturen zu beleben. Pol Bury schuf einen Brunnen mit riesigen Stahlkugeln. Daniel Buren durfte seine berühmten Strei-

fen auf hohen Kolonnen befestigen. Die um den Garten verlaufenden Arkaden-Galerien sollen ebenfalls instand gesetzt werden. Gegenwärtig findet man hier nur noch ein paar kleine Läden, einige Briefmarkenhändler, einige kleine Geschäfte, die militärische Orden und Medaillons verkaufen, sowie Antiquitätenläden und Buchhandlungen.

Der neue Brunnen im Palais Royal   *(Photo: B. Baxter)*

Parc Monceau, 8ème arr. Metro: Monceau

Es ist ein kleiner Park mit wunderschönen schwarz-goldenen Gittern. Er gilt als der nobelste Garten von Paris und man sagt, daß hier die am feinsten angezogenen Kinder von Paris spielen und zugleich die bravsten. Enten schwimmen auf dem See.

Kleine Wege führen den Besucher zu Arkaden, Kolonnaden, Säulen und Pyramiden. Den Rand des Parks rahmen alte Herrenhäuser ein; hier fängt die avenue Hoche an, eine der feinsten Wohnstraßen von Paris.

Im 17ten arr. auf der anderen Seite des Parks finden sich noch viele Häuser, die wegen ihres neugotischen Stils sehenswert sind (place du Général Catroux, rue Fortuny, rue Henry-de-Rochefort, Bld. Malesherbes und avenue de Villiers.)

Rive gauche, linkes Ufer

Jardin du Luxembourg, 6ème arr. Metro: Luxembourg

Er ist der am meisten besuchte Garten am linken Ufer der Seine.
Früher war der Park durch die Nähe des Quartier Latin und viele Fakultäten der Sorbonne ein beliebter Studenten-Treffpunkt.
Heute treffen sich hier mehr die Gymnasiasten der nahen Schulen.
Am schulfreien Mittwoch und am Wochenende wimmelt es hier von Kindern und Jugendlichen.

Der Médicis-Brunnen im Jardin du Luxembourg (Photo: L. Garcia)

In der warmen Jahreszeit sammeln sich hier viele Leute um den See, sie liegen im Schatten der hohen Bäume oder sonnen sich auf den Wiesen. Es ist der beste Ort in Paris, um Kontakte zu knüpfen! Das nennt man auf französisch *„la drague"*. Es klappt am besten, wenn man ein Buch in der Hand hat.... der intellektuelle Touch zieht. Die Sorbonne ist nicht weit weg!
Zu empfehlen ist der Parkeingang an der Ecke rue d'Assas und rue Auguste Comte: Hier glaubt man, auf dem Land zu sein. In der ehemaligen Baumschule werden heute Bienen gezüchtet. Man gewinnt hier mehr als drei Tonnen Honig pro Jahr!
Neben dem Palais du Luxembourg, damals Wohnsitz von Maria von Medicis und heute Sitz des Senats, findet man den schönen Brunnen

„Fontaine de Medicis". Die Statuen um den Brunnen stellen berühmte Frauen dar.

Parc Montsouris, 14ème arr. R.E.R.: Cité Universitaire

Ein anderer Park am linken Ufer der Seine und ein Geheimtip. Hierher kommen so gut wie keine Touristen. Mit Hügeln, See und Wasserfall sieht er natürlicher aus als viele andere.
In der Mitte eine Reproduktion des Bardotmuseums aus Tunis, das gerade restauriert wird.
Am Rande des Parks liegt das wunderschöne Restaurant „Pavillon Montsouris". Rechnen mit 210 F. Jeden Tag geöffnet. Eine gute Adresse bei schönem Wetter.

Wenn man die rue Saint-Yves am Rande des Parkes nimmt, kommt man in eine kleine Sackgasse mit Namen Villa Seurat. Hier haben in den 30er Jahren der Maler Seurat und viele andere Künstler gelebt. Andere Straßen am Park sind ebenfalls sehenswert, die Villa Montsouris und die rue des Artistes (Seite avenue Nansouty). Es sind kleine, enge Straßen mit kleinen Häusern und englischem Flair.
Gegenüber der RER-Station Cité Universitaire finden Sie die Cité Internationale, wo viele ausländische Studenten beherbergt sind. La Maison de Suisse ist übrigens ein Werk von Le Corbusier.

Paris-côté-jardin

Die „Amis de la Terre", also die „Freunde der Erde" organisieren am Samstagvormittag Spaziergänge in die verschiedenen Pariser Gärten.
Sie sind vor allem interessant im „Jardin des Plantes", dem botanischen Garten von Paris, am linken Ufer der Seine. (Metro: Jussieu). Auskünfte über diese Spaziergänge: 72 rue du Chateau, 10ème arr. Tel. 47 70 02 32.

Die Friedhöfe
Für einige sind die Pariser Friedhöfe die einzigen Ruheoasen der Stadt, für andere eine Begegnung mit der Geschichte, der Literatur, der Kunst. Für Peter Stephan, Autor eines „Lauf- und Lesebuch" über Pariser Friedhöfe mit dem Titel „Des Lebens Dernier Cri" hört der Puls der Hauptstadt hinter den Friedhofsmauern nicht auf zu schlagen.
Die bekanntesten sind Père-Lachaise (ein Tagesprogramm), Montmartre und Montparnasse.

---

6. Les belles places,
Plätze auf denen man gerne verweilt

Rive droite, rechtes Seineufer

Place des Victoires, 1. arr. Metro: Bourse

Häuser mit wunderschönen Fassaden von Hard ouin-Mansart, dem Architekt von Louis XIV, nach dem die Mansarden benannt sind. In der Mitte steht eine Statue von Louis XIV. An diesem Platz hat die jüngere Generation der Pariser Modeschöpfer ihre Ateliers und Geschäfte. Hier kauft die modebewußte Pariserin!

Place Vendôme, 1. arr. Metro: Opéra

Der Platz, der auch vom Hardouin-Mansart stammt, ist das teuerste Pflaster von Paris. Hier findet man die berühmtesten Schmuckgeschäfte der Welt, das Luxushotel Ritz und das Justizministerium. Um Weihnachten ist der Platz besonders prachtvoll geschmückt.

Place des Pyramides, 1. arr. Metro: Tuileries

An der rue de Rivoli gelegen. Dieser kleine Platz mit seinen Arkaden und der goldenen Statue von Jeanne d'Arc hat seinen Charme verloren, seit eine Schnellstraßen-Ausfahrt am Rande des Platzes gebaut worden ist.

Place Dauphine, 1. arr. Metro: Pont-Neuf

Auf der Insel La Cité, an der Brücke Pont-Neuf hinter dem Justizgebäude gelegen, gilt dieser kleine Platz als Ruhestätte in Paris. Man sagt, er sei der schönste Platz der Hauptstadt.
Hierher kommt die Pariserin zum Tee trinken bei „Fanny Tea" (ein winziger Teesalon in einem Antiquitätenladen) oder seit neuerdings zum Weintrinken in den Wine-bars (Wein-Bars) (siehe unter Kap. „Winebars")

Place Georges Pompidou, 4ème arr. Metro: Châtelet les Halles.

Mittelpunkt des modernen Paris ist der Platz Pompidou auch place Beaubourg genannt. Vor dem Centre Pompidou versammeln sich ab Mittag Feuerfresser, Maler, Sänger, eine bunte Welt, die immer Zuschauer findet. Ein starker, lebendiger Kontrast zur offiziellen Kunst, die im Centre Pompidou gezeigt wird.
Sehenswert ist auch der Brunnen Tinguely, ein fröhliches mekanisches Wasserballett von Jean Tingueli und seiner Frau **Niki de Saint-Phalle**. Eine aparte Zusammenarbeit!

Um den Platz liegt das lebendigste Viertel von Paris. Es gilt als Boulevard St-Michel der 80er Jahre.

Place du Marché Sainte-Catherine, 4ème arr. Metro: Saint-Paul

Ein idyllischer Platz im Maraisviertel. Bis hierher kommen noch keine Touristen. Es könnte sich ändern, wenn die neue Oper an der Bastille fertiggebaut ist.
Hier gibt es eine große Auswahl an kleinen Lokalen, die noch als Geheimtip gelten und ein vegetarisches Restaurant.
Im Sommer wird draußen gegessen.

Place de Fürstemberg, 6ème arr. Metro: St. Germain des Prés
Eine Oase der Ruhe, nur wenige Schritte vom lärmenden Bld. St. Germain entfernt. Am Rand der ländlich wirkenden Idylle das Delacroix-Museum (siehe Seite 66).

Place de la Madeleine, 8ème arr. Metro: Madeleine

An diesem Platz um die Kirche Madeleine, die wie ein griechischer Tempel aussieht, findet man die berühmtesten Feinschmeckergeschäfte der Welt. Das Zentrum der besten Feinkost-Läden. (Siehe Kapitel „Gastronomie/Epiceries"). Es lohnt sich, in den interessanten Straßen zu bummeln, die auf diesem Platz zusammenlaufen.

Place du Tertre, 18ème arr. Metro: Abbesses

Dieser Platz, hinter der Kirche Sacré-Coeur, bekannt durch die Maler, die hier wohnten und arbeiteten (Picasso, Utrillo, Modigliani u.a.), gehört heute zum Sight-Seeing-Programm jeder Touristen-Tour.
Auch heute ist der Platz noch immer Treffpunkt vieler Künstler. Böse Zungen behaupten jedoch, hierher würden mittlerweile nicht mehr die besten Maler kommen. Auf jeden Fall ist das „carré" auf dem Hügel Montmartre sehr früh morgens schon mit Hunderten von Malern und Porträtisten besetzt. Festzustellen ist, daß die Proträts hier teurer sind als auf dem Platz Beaubourg.
Da die meisten Touristenbusse bald wieder abfahren, hat die Gastronomie noch nicht ernsthafte Schaden genommen. Man sollte sich allerdings eine kleine, bescheidene Gaststätte fürs Essen aussuchen. Qualität und Preis stehen noch in einem angemessenen Verhältnis zu einander und an ruhigen Tagen außerhalb der Touristen-Saison kann man hier oben sehr schön sitzen.

Rive gauche, linkes Seineufer

Den **place Saint-Michel** (Metro: St-Michel) sollte man meiden, da man hier – vor allem im Sommer – nur auf Touristen trifft.
Zu empfehlen ist jedoch für alle, die an der Metrostation St-Michel

aussteigen, folgender Spaziergang: rue de Seine, rue des Saint-Pères, rue de Lille, rue Mazarine. Denn in dieser Gegend gibt es zahlreiche sehr schöne Antiquitätenläden, Boutiquen und andere kleine Lädchen mit ausgefallenen Angeboten.

Was für den Touristenansturm auf dem place St-Michel gilt, trifft auch auf den **place St-André des Arts** und den **place de la Contrescarpe** (5ème arr. Metro: Monge) zu.

Der place de la Contrescarpe allerdings hat sich noch etwas vom Milieu des früheren Paris bewahrt und ist deshalb für Besucher nicht ganz ohne Reiz.

Hier zweigt die rue Mouffetard ab, die zwar aufgrund einer Fülle kleiner ausländischer Restaurants sehr anheimelnd und bunt wirkt, gerade deshalb jedoch von Besuchern überlaufen ist. Wer das wirkliche Paris kennenlernen will, ist hier fehl am Platz.

7. Ungewöhnliche Märkte

Marché aux fleurs, der Blumenmarkt, 4ème arr. Metro: Cité

Auf der Insel La Cité, nicht weit weg von Notre-Dame, findet jeden Tag, außer Sonntag, der größte Blumenmarkt von Paris statt, von 8 bis 19 Uhr.

Marché aux oiseaux, der Vogelmarkt

Gleiche Adresse wie oben. Nur am Sonntag geöffnet.

Marché aux animaux, der Tiermarkt, 1. arr. Metro: Pont-Neuf

An den Seinequais entlang werden jeden Tag Katzen, Hunde, Vögel, Hamster, Fische usw. zum Kauf angeboten.

Marché aux livres, der Buchmarkt, 1. und 3ème arr.

Entlang der Seinequais verkaufen die Pariser **Bouquinisten** Bücher, seit es Bücher gibt. Allerdings gilt der Quai Saint-Augustins, am Pont-Neuf (Metro: Pont-Neuf oder Saint-Michel) als der beste Verkaufsplatz. Hier findet man die ältesten Bouquinisten der Stadt. Insgesamt ist heute das Angebot der antiquarischen Bücher von höchst unterschiedlichem Alter und Wert.

Marché aux tissus, der Stoffmarkt, im 18ème arr. place St-Pierre. Metro: Anvers

Das Stoffparadies: Marché St. Pierre (Photo: B. Baxter)

Der **marché St-Pierre**, am Fuß von Montmartre, ist eine Art Tempel der Stoffe. Diese Konzentration von Stoffgeschäften auf dem place St-Pierre und in der Straße Steinkerque ist in Frankreich einmalig.
Der bekannteste Laden heißt „Dreyfus", er bietet eine riesige Auswahl zu kleinen Preisen, vor allem Seide (2. Stock). Hier kaufen die Pariserinnen ihren Stoff, hierher kommen auch die jüngeren Modeschöpfer.
Dieser bei Touristen unbekannte Markt hat an schönen Tagen ein südländisches Flair. Man trifft hier zwar auch die Pariserinnen, ansonsten jedoch das ganze Völkergemisch – von den Arabern bis zu den Antillenbewohnern – das sich in Paris niedergelassen hat.
Zu diesem Platz kommt man am besten mit dem Bus, mit den Linien 30 und 54. Wenn man sich vor der Kirche Sacré-Coeur befindet, braucht man nur die Treppen des square Willette hinunter zu laufen und man ist sogleich mitten im Marktgedränge.

Die neue Markthalle, Halles St. Pierre, ist im Frühjahr 1986 eröffnet worden und beherbergt ein **Museum der Naiven Kunst**. Das einzige in Paris.
(1, rue Ronsard, 18ème arr., jeden Tag von 10 bis 18 Uhr geöffnet)
Atelier für Kinder zwischen 6 und 12 Jahren, jeden Tag von 14 bis 15.30 Uhr; 15.30 Uhr bis 16.30 Uhr. Preis: 17 Francs.

8. Die Passagen: geheimnisumwoben und neuentdeckt

Die meisten Passagen entstanden im vorigen Jahrhundert und waren um 1850 am prunkvollsten. Man findet sie vor allem auf dem rechten Seineufer, in der Nähe der Oper, da, wo sich früher das Pariser Leben abspielte. Anfang dieses Jahrhunderts verloren sie jedoch an Bedeutung wegen der «Grands Magasins» wie Galeries Lafayette oder Printemps.

Die Passagen waren Ort der Flaneure und Müßiggänger, die sich hier auf elegante Weise die Zeit vertrieben, exotische Tiere an seidenen Bändern spazierenführten und der ein oder anderen Schönen den Hof machten.

Die meisten Passagen sind in einem miserablen Zustand; es gibt jedoch Bestrebungen, sie wieder zu beleben, entweder mit Teesalons, wie in der Galerie Vivienne und Choiseul oder mit einem bekannten Puppengeschäft, wie in der Galerie Vero-Dodat.

Auch die Pariserin hat eine neue Liebe zu den alten Passagen entdeckt. Beliebt sind vor allem die in der Nähe des place des Victoires, wo die jüngeren Modemacher sich niedergelassen haben.

Im 2. arr., in der Nähe vom place des Victoires und Palais-Royal

Passage Choiseul, 2. arr. Metro: 4 Septembre

Im Sommer angenehm schattig:
Die Passage Choiseul
(Photo: B. Chanéac)

Eingang zwischen rue des Petits-Champs und rue de Choiseul.
Eine private Passage, die ab 21 Uhr geschlossen ist. Mit dem Charme von gestern. Sehr ruhig, vor allem am Samstag.
Das Angebot der Kleider, Schuhe und Schmuck erinnert an die 50er Jahre.
In der Passage findet man den bekannten Teesalon „Pandora", dessen Besitzerin eine ehemalige Journalistin ist. Zu Mittag ist er immer überfüllt. Es werden auch salzige Torten serviert.
In der Mitte der Galerie: „La Maison du Lot et Garonne". Die Region Garonne verkauft in der kleinen Boutique Delikatessen und man kann zur Mittagszeit an winzigen Tischchen im Freien essen.

Galerie Vivienne, 2. arr. Metro: Bourse
„La reine des passages" genannt, also die Königin der Passagen. Sie stammt aus den 20er Jahren des vorigen Jahrhunderts.
Eingang: rue des Petits-Champs.
Die Nähe des place des Victoires hat einige Modeschöpfer hier hergebracht. Unter anderen Montana, Castelbajac (3,5 rue des Petis-Champs) und Jean-Paul Gaultier, das enfant-terrible der Mode, dessen Boutique sehenswert ist. Die Verkaufsräume wirken wie ein Modemuseum, der Boden ist mit alten Mosaiken verziert. Die männlichen Verkäufer tragen die Röcke von Jean-Paul Gaultier.
Andere bekannte Namen: Catherine Vernoux, Yuki Tori, le comptoir du Kit (mit sehr originellem Modeschmuck).
Eine alte Librairie, die Buchhandlung „Petit Sirioux" besteht hier unverändert seit 1825. Emilia Robba: das bekannteste Geschäft in Paris für Blumen aus Seide und die dazu passenden Vasen.
Si tu veux: ein reizendes Spielzeuggeschäft. „A priori Thé": ein renommierter Teesalon, der um die Mittagszeit allerdings überfüllt ist. Ironie des Schicksals: Gegenüber liegt ein Abmagerungsstudio, das mit sprechenden Bildern seine Kunst anpreist.
No. 8: Galerie satirique. Die einzige satirische Galerie in Paris. Neuerdings von der 40jährigen Malerin Martine Moisan eröffnet. Tel. 42 97 46 65.

Passage Colbert, 2. arr. Metro: Bourse
Gleich neben der Galerie Vivienne. Sie wurde 1826 erbaut und ist nun im früheren Stil restauriert.
Sie ist im Besitz der „Bibliothèque Nationale", die sich auch hier niedergelassen hat.
In der recht kurzen Passage, die ausschließlich kulturellen Zwecken dient, gibt es das Musée Charles Gros (Museum für Musik), eine Ausstellungsgalerie.
Die Musikliebhaber werden auch den Weg zu der neurestaurierten Galerie finden: im Untergeschoß liegt ein Auditorium, in dem Konzerte mit raren Musikstücken gegeben werden.

Kühle Eleganz:
Die frischrestaurierte
Passage Colbert
(Photo: B. Chanéac)

Passages Verdeau, Jouffroy, des Panoramas, 9ème Metro: Richelieu-Drouot

Es sind drei ineinanderübergehende Passagen.
Eingang: boulevard Montmartre Nr 10.
Ursprünglich lagen sie in den Innenhöfen reicher, großer Häuser. Besonders an dunklen Tagen wirken sie durch ihre Beleuchtung sehr anziehend.

Panoramas:
Die älteste der drei Passagen.
Trotz Renovierung wirkt die Passage etwas altmodisch. Inzwischen gibt es viel zu viel asiatische Lokale. Eine einzige interessante Adresse: La Coquenotte, ein Restaurant, das jeden Abend Chansons anbietet. Menü ab 100 F. Tel. 42 33 60 70.

Jouffroy:
Man braucht nur den boulevard Montmartre zu überqueren. Der Eingang liegt neben dem Musée Grévin, dem bekanntesten Wachsmuseum Frankreichs (von 14 bis 19 Uhr geöffnet).
No. 30: La Tour des Délices. Ein Teesalon mit orientalischen Spezialitäten.

„Pain d'Epices" heißt das gemütliche Holzspielzeuggeschäft. Bei „Abel" gibt es alte Regenschirme, Stöcke und Schals.
Bouquinisten installieren sich immer mehr hier.

Verdeau:
Sie ist die Verlängerung der Passage Jouffroy. Hier haben sich seit eh und je Antiquariate niedergelassen. Im „Grill", einem kleinen Restaurant findet man eine große Sammlung von alten ländlichen Werkzeugen. Hier gibt es rustikales Essen an Holztischen.

Passage des Princes, 2. arr. Metro: Richelieu-Drouot

An der Ecke des Bld des Italiens und Bld Montmartre findet man die Passage des Princes mit einer bekannten Pfeifenwerkstatt, mit allen Artikeln für den Raucher. Hier kann man auch einkaufen. Die Pfeifenwerkstatt existiert seit 1835.

Passage du Caire, 2. arr. Metro: Strasbourg-St-Denis

Die Passage liegt zwischen zwei interessanten Straßen. Auf der einen Seite die rue St-Denis, in der sich heute die Prostituierten finden, die sich früher um den place Pigalle herum aufhielten. Auf der anderen Seite die rue d'Aboukir, die als Straße der Stoffhändler bekannt ist. Hier fühlt man sich in einen nordafrikanischen Souk versetzt. Man trifft Pakistanis, die von großen Holzkarren Stoffballen auf- und abladen. Diese Atmosphäre setzt sich in der Passage fort. Stoff- und Kleider-Großhändler haben sich hier niedergelassen, die jedoch auch an Endverbraucher verkaufen.
Das Viertel wird demnächst saniert (siehe Le Sentier, Seite 109).

Passage Molière, 3ème arr. Metro: Rambuteau

Eigentlich keine Passage, sondern eine enge Nebenstraße von der rue Quincampiox. Es lohnt sich, einmal da hineinzuschauen, da sie sehr pittoresk ist. Sie ist eine der wenigen Straßen, die nicht der Stadtsanierung zum Opfer gefallen sind und deshalb noch an die Zeiten Molières erinnern.

Galerie Vero-Dodat, 1. arr. Metro: Les Halles

Eingang rue Jean-Jacques Rousseau, Nr. 19.
Eine Passage mit interessanter Architektur und schönen Geschäften.
Von den Verkaufsräumen im Parterre führen enge Wendeltreppen in den ersten Stock. Kleine Fenster an der Außenseite lassen ahnen, daß man dort noch wohnt.
Hinter teilweise restaurierten Fassaden findet man unter anderem auch drei Boutiquen von Capia, dem berühmtesten Pariser Puppenrestaurateur und Verkäufer.

Einladend für Groß und Klein: Passage Vérot-Dodat
(Photo: B. Baxter)

In anderen Geschäften findet man Möbel aus den 30er Jahren, wunderschöne alte französische Küchenherde, Handtaschen von El Bisonte und eine Boutique, die sowohl alte wie auch neue Hüte anbietet.

9. Die Bastille-Gegend: der letzte Schrei

Kein anderes Viertel in Paris hat in den vergangenen Jahren einen solchen Aufschwung genommen wie die Gegend um die Bastille. Auslöser dieses Booms war wohl die Grundsteinlegung der neuen Oper. Bald schon entwickelte sich das zwar zentral gelegene, aber lange Zeit vernachlässigte Viertel zu einem Geheimtip. Die Kauf- und Mietpreise für Grund und Boden sind sprunghaft angestiegen, aber noch immer reißen sich Galeristen und Gastronomen um einen günstigen Platz an der vielarmigen Drehscheibe Bastille.

Eine dieser Straßen, die nach Osten führende **rue du Faubourg St. Antoine** ist wie seit Jahrhunderten schon die Hauptgeschäftsader der Schreiner und der Möbelgeschäfte.

Place de la Bastille
und die
neue Oper im Hintergrund
(Photo: L. Garcia)

61

Im angrenzenden 12. arr. liegt auch einer der malerischsten Märkte von Paris, der **Marché Aligre**. Vor allem Liebhaber exotischer Früchte können sich dort bei der Vielzahl von arabischen, afrikanischen und karibischen Verkaufsständen eindecken.

Ein anderer Ausflug führt in die **rue de Charonne** (zahlreiche Galerien) oder in die **rue de Lappe**. Die **Galoche d'Aurillac**, Nr. 41, ist eine vorzügliche Weinbar (siehe Seite xxx). Seit Anfang des Jahrhunderts besteht der Tanzsaal **Balajo**, eine Hochburg des Tangos. Die rue de Lappe, in den zwanziger Jahren bereits ein Vergnügungszentrum, ist nach langen Jahren der Vergessenheit wiederentdeckt worden. Etliche Adressen von Weinbars, Nachtlokalen mit Musik aus Afrika, den Antillen und (derzeit sehr in Mode) „folklore gitan".

Die Bastille gilt seit einiger Zeit als neues Zentrum für Tanz- und Theater-Aktivitäten (siehe Paris by night) und Niederlassung vieler Künstler (siehe Kapitel Kunst).

10. Versailles

Einmal in Versailles gewesen sein: Es ist einer der Wünsche, welchen sich jeder Franzose erfüllen muß. Die Besichtigung der Räume ist meistens mühsam, weil verbunden mit einer langen Wartezeit. Dagegen sind der Garten und der umliegende Wald zu jeder Zeit zugänglich. Bei schönem Wetter ist ein Spaziergang um das Schloß herum sehr zu empfehlen. Vor allem mit Kindern.

Nach Versailles kommt man am schnellsten mit dem Bus No. 171 (Abfahrt Pont de Sèvres; 2 Metrotickets verwenden) oder mit der R.E.R. Linie C (Abfahrt St-Michel oder Haltestelle Invalides; Aussteigen bei Versailles rive gauche; einen Extraschein am Schalter kaufen).

DER TIP

Die Toiletten

„Aller au petit coin" sagt die Französin, wenn sie eine Toilette sucht; was wörtlich übersetzt etwa so viel bedeutet wie um die kleine Ecke gehen.

Le petit coin: Bescheiden, aber nicht umsonst

Inzwischen ist die Pariserin dem Pariser gleich, was ihre speziellen Bedürfnisse angeht: Sie muß nicht mehr den langen Weg zum Cafe, Bistrot oder nächsten Kaufhaus nehmen, um eine Toilette zu finden. Seit drei Jahren sind die über 100 Jahre alten Vespasiennes, die Männerklos auf der Straße, durch „bisexuelle" Kabinen aus Edelstahl ersetzt: vollautomatisierte Anstalten, die nach jeder Benutzung voll gewaschen und desinfiziert werden. Man nennt sie „sanisettes".

Man wirft einen Franc in einen Schlitz, die Tür geht auf. Musik ertönt in der kleinen beheizten Kabine, in der man eine Viertel-Stunde sitzen bleiben kann. Danach geht die Tür automatisch wieder auf.

In Paris gibt es nur noch drei alte Vespasiennes: am Pigalle, an der Metro Denfert-Rochereau und auf dem Champs-Elysées. Letztere ist besonders bekannt, weil sie Marcel Proust in einem seiner Werke verewigt hat.

Diese alten Vespasiennes haben Jean-Paul Gaultier, das Enfant Terrible des Prêt-à-Porter inspiriert. In seiner hypermodernen Boutique in der Galerie Vivienne (1. arr. Metro: Bourse) hat er Umkleidekabinen nach diesen Vorbildern gestalten lassen.

Es gibt noch zwei andere Toiletten in Paris, die von Frankreichs Innenarchitekt Nummer 1, dem Designer Philippe Stark, entworfen und deshalb geradezu sehenswert sind: Im bekannten Café Costes im Hallenviertel (rue Berger, Metro: Halles oder Châtelet), sowie in der Diskothek „Bains" (7 rue du Bourg-l'Abbé, 3ème arr. Metro: Etienne-Marcel).

Le grand coin: Luxuriös und gratis

Es sind die chicen Toiletten der internationalen Luxus-Hotels. In deren Foyers ist immer so viel los, daß man Sie gar nicht nach dem Woher und Wohin fragt. Steuern Sie ganz selbstverständlich, so als wohnten Sie in diesem Hotel, an den Portiers vorbei und auf die Toiletten zu. Der Weg ist gut ausgeschildert, so daß Sie nicht zu fragen brauchen.

Hier stehen einem zur Verfügung: parfümierte Handtücher, feine Seife, eine Frisierkommode etc....

Die sanisettes-Toiletten sind überall zu finden   (Photo: B. Chanéac)

IV. Kultur, Kultur:

MUSÉES

MONUMENTS
HISTORIQUES

EXPOSITIONS

VISITES
CONFÉRENCES

Wenn Sie viele Museen und Ausstellungen besuchen, Führungen gerne mitmachen oder an Konferenzen über die Stadt Paris teilnehmen, dann empfehlen wir Ihnen das kleine Heft, das von Musées de France herausgegeben wird. Es gibt ein komplettes Programm für 2 Monate im voraus.
Das Heft steht gratis zur Verfügung bei Office du Tourisme oder Hotel de Ville (siehe Seite 36).
Die Tageszeitung Le Monde, die am Nachmittag schon erscheint, bietet in der Rubrik „Agenda" interessante Führungen (Paris en visites) und Konferenzen (Conférences) an.

Museen, Antiquitäten, Bücher

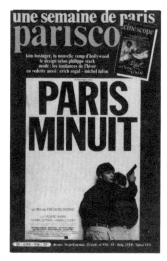

„Pariscope" und *„L'officiel des spectacles"* geben Auskunft über alles, was in Paris los ist. Unentbehrlich!

Louvre

Dienstags geschlossen. Der Louvre ist endlich mal übersichtlich, seit im Innenhof eine Pyramide aus Glas Paris ein neues Wahrzeichen beschert. Die vom amerikanischen Architekten Pei entworfene Pyramide hat sich in ein umfangreiches Renovierungsprogramm des größten Museums der Welt gebettet, dessen Neugestaltung längst überfällig war.

Die Pyramide ist über einen unterirdischen Weg direkt mit der Metro-Station Palais-Royal verbunden. Ein weiterer Service: übersichtliche Hinweistafeln sollen künftig dem Besucher Orientierungshilfe geben. Ein „Pflichtprogramm" der wichtigsten Sehenswürdigkeiten kann man dann in etwa drei Stunden absolvieren.

Täglich – außer dienstags und dem Wochenende – werden künftig Kurz-Seminare über bestimmte Kunstwerke veranstaltet. Die Teilnahme ist kostenlos.

Neue Einrichtung: Ein Restaurant mit kulinarischen Ansprüchen. Menü ab 165 F. Tip: Die Busse 39, 48, 27, 95 halten am Haupteingang.

Achtung: Seit Februar 1990 ist der Eintritt am Sonntag nicht mehr frei. Er kostet nun 14 F.

1. Wechselausstellungen

Es gibt in Paris in ein paar Museen, die in den Monaten Oktober bis Juni große, interessante Wechselausstellungen präsentieren, welche dann nur in wenigen Städten der Welt gezeigt werden. Wegen des häufig sehr starken Andrangs empfiehlt sich ein Besuch zur Mittagszeit, wenn die meisten Leute zu Tisch sind.

Auskunft erhält man in Paris darüber bei den offiziellen Tourismus-Büros und in den folgenden wöchentlich erscheinenden Zeitschriften, die ausführlich über das kulturelle Leben der Hauptstadt berichten:

Pariscope und *L'Officiel des Spectacles*.

Sie sind an jedem Kiosk zu kaufen.

Grand Palais, avenue Général Eisenhower,
8ème arr. Metro: Champs-Elysées-Clémenceau.
Tel. 42 61 54 10.
Am Dienstag geschlossen.
Das imposante Gebäude wurde 1900 für die Weltausstellung gebaut.
Geöffnet von 10 bis 20 Uhr; mittwochs bis 22 Uhr.

Petit Palais, avenue Winston Churchill,
8ème arr. Metro: Champs-Elysées-Clèmenceau.
Tel. 42 61 54 10.
Am Montag geschlossen.
Zur gleichen Zeit wie der Grand Palais gebaut, bietet das Petit Palais zusätzlich eine sehenswerte Dauerausstellung über die französische Malerei des 19. Jahrhunderts.

Centre Pompidou, place Pompidou,
4ème arr. Metro: Châtelet-Les Halles, Rambuteau.
Am Dienstag geschlossen. Geöffnet von 12 bis 22 Uhr; sonntags ab 10 Uhr.
Das Gebäude, das auch Beaubourg genannt wird, sieht wie eine Fabrik aus Plexiglas und Röhren aus.
Ganz oben, im vierten Stock, werden die großen Wechselausstellungen präsentiert.
Im dritten Stock: ein bemerkenswertes Museum, Musée National d'Art Moderne (der malende Zöllner Henri Rousseau, Delauney, Léger...)
Wenn Sie sich hier mehrere Ausstellungen anschauen wollen, empfehlen wir den „laissez-passer" für einen ganzen Tag.

Kinder können den ganzen Nachmittag in der Kinderbibliothek im Parterre verbringen. Der Besuch ist gratis und es gibt dort auch deutsche Bücher.
Es gibt auch Kinderateliers, in denen die Kleinen basteln. Für Kinder zwischen 4 und 12 Jahre gedacht; der Aufenthalt ist auch kostenlos. Geöffnet von 14 bis 15.30 Uhr und 16 bis 17.30 Uhr. Man sollte rechtzeitig da sein, denn es wollen immer viele Kinder mitmachen.
Tel. 42 77 12 33

Musée d' Art Moderne, 11 avenue du Président Wilson,
16ème arr. Metro: Iéna
Am Montag geschlossen; Geöffnet von 10 bis 17.30 Uhr.
Tel. 47 23 61 27
Avantgardistische Wechselausstellungen.
In dem Museum ist das größte Bild der Welt zu sehen „la fée de l' électricité", das Dufy 1937 für die Weltausstellung malte. Es stellt die Entwicklung und Geschichte des elektrischen Stroms dar. Auch für Kinder interessant. Hier gibt es eine Cafeteria.

Musée de la Publicité, 18 rue du Paradis,
10ème arr. Metro: Château-d'eau.
Tel. 42 46 13 09
Seit März 1990 geschlossen.
Die Wechselausstellungen über die Geschichte der Werbung werden ab Mitte 1990 nicht mehr in der ehemaligen Keramikfabrik der Jahrhundertwende stattfinden. Ein Spaziergang in der rue du Paradis, der Paradiesstraße, der Straße des Porzellans, des Kristalls und der Keramik in Paris lohnt. Diese Adresse ist noch ein Geheimtip!

Musée de la Mode et du Costume, 10 avenue Pierre 1er de Serbie,
16ème arr. Metro: Iéna, Alma-Marceau
Tel. 47 20 85 46
Am Montag geschlossen. Geöffnet von 10 bis 17.40 Uhr.
Die Geschichte der Mode von 1735 bis heute. Interessante Wechselausstellungen über die Geschichte der Mode in diesem städtischen Museum.

Musée des Arts et de la Mode, im Pavillon Marsan vom Louvre,
1. arr. Metro: Louvre
Tel. 42 60 32 14
Am Montag und Dienstag geschlossen; geöffnet von 12.30 bis 18.30 Uhr – Sonntag von 11 Uhr bis 17 Uhr.
Staatliches Museum der Mode in Paris, das erst im Januar 1986 eröffnet wurde. Es sind Wechselausstellungen geplant. Die Kleider und Accessoires werden zugleich mit dem Dekor der Zeit gezeigt.

DER TIP

Ein typisch Pariser Museums-Problem wird sich wohl nie lösen lassen! Montags sind die Museen der Stadt geschlossen, dienstags die des Staates. Wohl dem, der weiß, was wem gehört...!

2. Intime Museen: Museen, die einem Künstler gewidmet sind

Musée Carnavalet, 23 rue de Sévigné, 3ème arr. Metro: Saint-Paul. Tel. 42 72 21 13
Am Montag geschlossen; geöffnet von 10 bis 17.40 Uhr.
Hotel aus dem 16. Jahrhundert, wo Madame de Sévigné von 1677 – 1696 lebte. Sie war eine der großen Damen des 17. Jahrhunderts, die Menschen und Sitten ihrer Zeit intelligent und scharfsinnig beobachtete und kommentierte. Damals wie heute in Frankreich und Deutschland berühmt: die Briefe, die sie ihrer Tochter schrieb.
Heute: **Wunderschönes Museum über die Geschichte von Paris**, ausgestattet mit dem Interieur früherer Jahrhunderte. Neuerdings hat es seine Fläche verdoppelt mit der Integrierung des Hotels Le Peletier de St. Fargeau. Zu sehen ist z. B. das berühmte Bild von Mme Récamier auf dem Sofa.

Musée Renan Scheffer, 16 rue Chaptal,
9ème arr. Metro: St-Georges.
Tel. 48 74 95 38
Am Montag geschlossen; geöffnet von 10 bis 17 Uhr.
Zur Erinnerung an Georges Sand, dem rauchenden und in Männerkleidung einherspazierenden Enfant terrible des literarischen 19. Jahrhunderts, sowie an andere Künstler dieser Epoche.

Musée Piaf, 5 rue Crespin du Gast, 11ème arr. Metro: Ménilmontant. Tel. 43 55 52 72
Das winzige Museum mit Souvenirs der großen Sängerin liegt nicht weit weg vom 20. arr., wo sie angeblich geboren ist und vom Père-Lachaise, wo sie begraben liegt.
Sich vorher telefonisch anmelden.

Eingang des Balzac-Hauses　　　　　　　　　*(Photos: B. Chanéac)*

Maison de Balzac, 47 rue Raynouard,
16ème arr. Metro: La Muette, Passy.
Tel. 42 24 56 38
Am Montag geschlossen; geöffnet von 10 bis 17 Uhr. Eine der noch bestehenden Pariser Wohnungen des Autors der „Comédie Humaine". Hier lebte er von 1840 bis 1847. Mit einem romantischen Garten.

Maison de Victor Hugo, 6 place des Vosges,
4ème arr. Metro: Chemin-Vert, St-Paul.
Tel. 42 72 16 65
Am Montag geschlossen; geöffnet von 11 Uhr bis 18 Uhr.
Ehemaliges Herrenhaus. Hier lebte Victor Hugo von 1832 bis 1848.
Über 400 Zeichnungen des Schriftstellers, der auch Maler war.

Musée Eugène Delacroix, 6 place de Fürstemberg,
6ème arr. Metro: Saint-Germain-des-Prés.
Tel. 43 54 04 87
Am Montag geschlossen; geöffnet von 13 bis 18 Uhr.
Wohnung und Atelier des Malers, auf einem der reizendsten Plätze von Paris.

Paris-Portrait:

Bildhauerin in Saint-Germain

Simone Boisecq, Bildhauerin, Frau des Urenkels von Karl Marx, Jean Longuet-Marx, ebenfalls Bildhauer und 1981 im Alter von 76 Jahen verstorben, lebt in einem Haus in Saint-Germain. Kein gewöhnliches Haus: Es hat zwei Eingänge, oder besser, einen Ein- und einen davon unabhängigen Ausgang. Ein prominenter Vormieter im 19. Jahrhundert hat diese Wohnkultur mit Notausgang geschaffen: Wenn die sich regelmäßig einstellenden Gläubiger an der einen Tür klingelten, verschwand der notorisch verschuldete Romancier Honoré de Balzac durch die andere. Und umgekehrt.

Simone Boisecq über ihre Erfahrungen als bildende Künstlerin: „Mein Mann und ich, wir haben niemals den Namen von Marx mißbraucht, um unsere Werke zu verkaufen. Er hat sein Leben lang mit Longuet signiert, und ich mit meinem Mädchennamen, Boisecq. Es hätte uns gestört, wenn unser künstlerischer Erfolg mit etwas anderem zusammengehangen hätte als mit unserem Werk. Und außerdem, der Name Marx ist gewiß nicht einfach zu tragen.

Ich hatte sehr viel Glück, als ich Karl-Jean Longuet-Marx traf. Ich fing gerade mit der Bildhauerei an und hatte ein komplettes Atelier zur Verfügung. Ästhetisch gesehen haben wir uns sehr wenig beeinflußt. Als ich ihn in den 40er Jahren kennenlernte, war er in einer gänzlich figurativen Phase, ich hingegen interessierte mich für Negerplastik und primitive Kunst.

Mein Mann ruht jetzt neben der Tochter von Marx, Laura Lafargue, auf dem Friedhof Père-Lachaise.

Der Beruf des Bildhauers ist ein schwieriger, in Frankreich fehlt es an Sammlern von Skulpturen. Wir haben sehr viel Auftragsarbeiten für den Staat angefertigt, für Parks und Schulen z.B. Ich arbeite weiterhin und versuche zugleich, das Vermächtnis meines Mannes zu verwalten.

Was muß man heute in Frankreich unternehmen, um als Künstler erfolgreich zu sein? – Man muß jung sein, so um die zwanzig, monumentale Objekte herstellen und sie auf der Ausstellung von Montrouge zeigen, die jedes Jahr im Herbst stattfindet. Dieser *salon* (Montrouge liegt südlich von Paris, 2 avenue Emile Boutroux, 92120 Montrouge. Tel. 46 56 52 52) ist das Sprungbrett für junge Künstler. Die Galerien kämpfen hart darum, ihre Schützlinge hierher schicken zu können. In den 50er Jahren war das alles ganz anders. Die Künstler waren sehr viel bescheidener. Man warf sich nicht von Anfang an auf ehrgeizige Projekte, sondern suchte sich einen Meister und lernte während langer Jahre bei diesem. Heute sucht der Künstler nur noch das Neue, Spektakuläre."

Musée Gustave-Moreau, 14 rue de la Rochefoucauld,
9ème arr. Metro: Trinité
Tel. 48 74 38 50
Am Montag geschlossen; geöffnet von 10 bis 12.45, nachmittags von 14 bis 17 Uhr.
Wohnung und Atelier des Malers.

Musée Picasso, 5 rue de Thorigny, 3ème arr. Metro: Rambuteau
Tel. 42 71 25 21
Am Dienstag geschlossen; geöffnet von 10 Uhr bis 17.15 Uhr. Mittwoch geöffnet bis 22 Uhr.
Das Hotel Salé ist ein aufwendig renoviertes Hotel particulier (herrschaftliches Privathaus) inmitten des Marais-Viertels. Seit Anfang 1986 ist dort die umfassendste Picasso-Sammlung untergebracht – eine außerordentlich geglückte Synthese zwischen Tradition und Moderne. „La Celestine", Porträt einer alten Dame, zählt im Musée Picasso zu den wichtigsten Neuerwerbungen im Herbst 89. Dieses Bild wird der „blauen Periode" des Malers zugerechnet.
Um das Museum herum (rue du Pavée, de la Verrerie, rue du Roi de Sicile, rue du Parc Royal) sind immer mehr und mehr Teesalons, Galerien und Modegeschäfte zu finden. Die Kundschaft besteht vor allem aus Touristen!

3. Museen, die einer Epoche gewidmet sind

Musée Cognacq-Jay, 25 Bld. des Capucines,
2. arr. Metro: Opéra
Tel. 42 61 94 54
Am Montag geschlossen; geöffnet von 10 bis 17.40 Uhr.
Sammlungen, die Malern des 18. Jahrhunderts gewidmet sind: Fragonard, Chardin, Boucher, Greuze, Tiepolo, Canaletto

Musée Nissim de Camondo, 68 rue de Monceau,
8ème arr. Metro: Villiers
Tel. 45 22 12 32
Am Montag geschlossen; geöffnet von 10 bis 12 Uhr, Nachmittags: von 14 bis 17 Uhr.
Ausgestellt sind Unikate aus dem Alltag des 18. Jahrhunderts, in einem sehr schönen Herrenhaus, das gerade restauriert worden ist.

Musée des Arts Décoratifs, 107 rue de Rivoli,
1. arr. Metro: Pyramides, Palais-Royal, Tuileries
Tel. 42 60 32 14
Am Montag und Dienstag geschlossen; geöffnet von 12 bis 18 Uhr
Gezeigt werden Möbel, Schmuck, Keramik, vom Mittelalter bis zum
18. Jahrhundert. Einige Räume sind dem 20. Jahrhundert gewidmet.

Musée d'Orsay, 62 rue de Lille, 7ème arr.
R.E.R.: Musée d'Orsay
Am Montag geschlossen. Öffnungszeit 10 Uhr (sonntags 9 Uhr) bis 22
Uhr.
Das Ereignis der späten achtziger Jahre! Aus Anlaß der Weltausstel-
lung war der Bahnhof Orsay um die Jahrhundertwende am Seine-
Ufer erbaut worden. Nach dem zweiten Weltkrieg sollte der inzwi-
schen stillgelegte Bahnhof abgerissen werden.
Der ehemalige Präsident Giscard d'Estaing beschloß, ihn zu erhalten
und dort ein Museum des 19. Jahrhunderts einzurichten. Nach der
Eröffnung im Dezember 1986 wurde er zum Top-Treffpunkt der Touristen und ist heute nach dem Centre Pompidou (noch vor dem Eiffelturm und dem Louvre!) das meistbesuchte Bauwerk der französischen Hauptstadt.
Die Ausstellungsstücke sind ein Spiegelbild der Zeit zwischen 1848
und 1914. Zahlreiche Sonder-Ausstellungen, eine Bibliothek mit
einem breit gefächerten Angebot an Kunstbüchern, an Essays über
Kunst. **Die Direktorin des Museums, Françoise Cachin** organisiert
einmal im Jahr eine große Ausstellung (z.B. Gaugin). Ein großes
Restaurant ist im Stil der III. Republik eingerichtet (von 11.30 bis 14.30
Uhr und 19.30 bis 21.45 Uhr geöffnet; Menü zwischen 60 F mittags
und 170 F abends). Im ersten Stock gibt es ein Café. An günstiger
Stelle öffnet sich der Blick auf die Seine, die Tuilerien und selbst den
Montmartre.

4. Museen der Bildhauerei

Musée Rodin, 77 avenue de Varenne, 7ème arr. Metro: Varenne.
Tel. 47 05 01 34
Am Montag zu. Geöffnet von 10 bis 17 Uhr.
Ein kleines Museum in einem wunderschönen Garten ist dem Bildhauer der „Bürger von Calais" gewidmet. Man kann Reproduktionen
kaufen (ab 500 f). **Auch Werke der zu Lebzeiten verkannten und
heute viel beachteten Bildhauerin Camille Claudel sind hier zu
sehen** (siehe nächste Seite).

L'implorante, die Flehende ist ein Ausdruck ihres gequälten, gekränkten Seelenzustands.

No. 9, quai de Bourbon, auf der Insel St. Louis erinnert eine Gedenktafel erst seit kurzer Zeit, daß Camille Claudel hier lebte. Von 1899 bis 1913.
In dem Film von Bruno Nuytten mit Isabelle Adjani in der Hauptrolle sind es nicht die Hände von I. Adjani, die den Stein verarbeiten, sondern die Hände einer jungen Pariser Bildhauerin mit Namen Clara Delamater. Sie begeistert sich vor allem für Büste. Die vom ersten Mann Frankreichs hat sie 1987 modelliert. François Mitterand mußte 12 mal für sie posieren! Ihr Atelier ist No. 89 Bld St. Jacques zu finden.

Musée Bourdelle, 16 rue Antoine Bourdelle,
15ème arr. Metro: Falguière / Montparnasse-Bienvenue.
Tel. 45 48 67 27
Am Montag zu. Geöffnet von 10 bis 17.40 Uhr.
Ateliers und Garten des Bildhauers Bourdelle, wo er sein Leben lang arbeitete.

Bildhauereimuseum im Freien   *(Photo: L. Garcia)*

Musée Zadkine, 100 bis, rue d. Assas, Paris 6ème. Metro: Vavin.
Tel. 43 26 91 90
Gartenhaus und Atelier des Bildhauers.
Geöffnet von Mittwoch bis Samstag von 10 bis 17.40 Uhr.

Musée de la sculpture en plein air, quai St-Bernhard,
5ème arr. Metro: Sully-Morland.
Freilichtmuseum, Anlage am Seineufer, 1980 errichtet, mit zahlrei-
chen Plastiken gegenwärtiger Bildhauer: César, Stahly, Isopouteguy,
Schöffer.
Eintritt frei.

Das Pendel von Monsieur Foucault
Das berühmte foucaultsche Pendel (Umberto Eco hat einen Bestseller daraus gemacht), das 1841 den französischen Physiker als Beleg
dafür galt, die Rotation der Erde zu beweisen, ist im **Musée des Arts
et Métiers** (Rue du Temple, 3ème arr.) ausgestellt. Ein Geheimtip!
Ein ebenso kurioses wie überaus sehenswertes Museum in einer ehemaligen Kirche.

Paris-Portrait:

Ungeliebt und Unverwüstlich – Die Pariser Literaturszene

Geneviève Dormann, Autorin zahlreicher Romane und mehrfache Preisträgerin, mag den Pariser Literaturrummel nicht. Sie schwimmt mit dieser Haltung ein bißchen gegen den Strom, denn Paris ist immer noch das Mekka zahlreicher Literaten. In den fünfziger Jahren war der Ruhm der Kulturmetropole mit den Existentialistenzirkeln in Saint Germain auf seinem Höhepunkt.

Frage: „Wenn Sie bedeutende zeitgenössische Schriftsteller interviewen sollten, wen würden Sie auswählen?"

Dormann: *„Emile M. Cioran*. Ich glaube, im Moment kann ihm keiner das Wasser reichen. Er ist ja auch in Deutschland recht bekannt. Der Dichter *Paul Celan* hat Ciorans „Lehre vom Zerfall" ins Deutsche übertragen. Dann *Patrick Besson*, der meiner Meinung nach sehr talentiert ist. Und schließlich *Marguerite Duras*, die ebenfalls spätenstens seit „Der Liebhaber" international anerkannt ist. Dieses Buch hat mir sehr gut gefallen. Ihre Filme mag ich weniger."

Frage: „Gibt es noch ein intensives literarisches Leben in Paris?"

Dormann: „Das kann ich nicht sagen, denn aus den Dingen halte ich mich raus. Ich mag den Zirkus um die Literatur nicht."

Frage: „Wo kann man unter Umständen Schriftsteller treffen?"

Dormann: „In „Le bar du Pont Royal", dann, wenn das Vieh zur Tränke zieht. Da die großen Verlage in der Nähe sind, trifft man sich dort."

Frage: „Finden Sie, daß Paris eine literarisch inspirierende Stadt ist?"

Dormann: „Paris ist einfach eine schöne Stadt mit einer einzigartigen Atmosphäre. Ich kann nur in Paris schreiben. Paris beflügelt mich. Außer in Paris – die schönste Stadt der Welt, was vielleicht ein wenig chauvinistisch ist – könnte ich vielleicht noch in Nantes leben. Das ist auch eine Stadt, die eine literarische Ausstrahlung hat."

Wen diese harten Worte über die Literaturszene nicht abschrecken, wer das Palaver liebt oder einfach nur neugierig ist, hier die Adressse: **Le bar du Pont Royal**, 7, rue Montalembert, (7. arr.) Tel. 45 44 38 27. In den traditionellen Literatencafés in Saint-Germain („Le Flore", „Les Deux Magots") sitzen nur noch Touristen!

Madame Longuet-Marx,
Bildhauerin
(Photo: B. Baxter)

5. Andere reizende, kleine Museen

Musée Montmartre, 12 rue Cortot, 18ème arr. Metro: Abbesses.
Tel. 46 06 61 11
Am Montag geschlossen; geöffnet von 14.30 Uhr bis 17.30 Uhr.
Umfaßt die Geschichte von Montmartre bis heute.

Musée Cernuschi, 7 avenue Velasquez, 8ème arr.
Metro: Villiers, Monceau.
Tel. 45 63 50 75
Am Montag geschlossen; geöffnet von 10 bis 17.40 Uhr.
Einziges Pariser Museum für chinesische Kunst.

Musée de la Parfumerie Fragonard, 9 rue du Scribe,
9ème arr. Metro: Opéra.
Jeden Tag geöffnet, außer sonntags, von 9.30 bis 18.30 Uhr. Sich vorher telefonisch anmelden. Die Geschichte des Parfümeurs Fragonard aus Grasse, der Stadt der Mimosen an der Côte d'Azur in einem Bürgerhaus aus der Zeit Napoléon II. Eine reizvolle Sammlung von Parfümflacons. Man kann hier die Parfüms zum Fabrikpreis kaufen.

Musée des lunettes – Brillenmuseum, 2 avenue Mozart,
16ème arr. Metro: La Muette.
Tel. 45 27 21 05
Gläser und Gestelle aus dem alten China, bis hin zum Monokel der Schauspielerin Sarah Bernardt.
Am Sonntag und Montagvormittag geschlossen. Geöffnet von 9.30 bis 19 Uhr.

Musée de la clé – Schlüsselmuseum, rue de La Perle,
3ème arr. Metro: Saint-Sébastien.
Tel. 42 77 79 62
Am Sonntag und Montag geschlossen.
Geöffnet von 10 bis 12 Uhr, und von 14 bis 17 Uhr.

Musée du cristal – Kristallmuseum, 30 rue du Paradis,
10ème arr. Metro: Gare de l'Est, Château d'eau.
Tel. 47 70 64 30
Am Sonntag geschlossen; geöffnet von 9 bis 18 Uhr. Samstag: von 10 bis 12 Uhr und von 14 bis 17 Uhr.
Dieses Museum liegt in der Straße rue du Paradis: Beide Straßenseiten säumen Läden, in denen man eine einmalige Auswahl der schönsten und ausgefallensten Kristall-, Porzellan- und Keramikgegenstände findet.
Die Kristallausstellung des Museums zeigt Baccarat-Kristall aus zwei Jahrhunderten. Es ist eine einmalige Ansammlung von kostbaren Lüstern, Gläsern, Karaffen und anderen Gegenständen.

Musée de la Manufacture-tapisserie des Gobelins – Gobelin-Museum, 42 avenue des Gobelins, 13ème arr. Metro: Gobelins.
Tel. 45 70 12 60
Mittwochs, donnerstags, freitags von 14 bis 16 Uhr geöffnet.
In diesem Gebäude lag die frühere Gobelins-Manufaktur Ludwig XIV. Sie wurde später in ein Museum umgewandelt, das heute alte Gobelins und Tapisserien zeigt.

6. Kunstgalerien

Grosso modo gilt zur Zeit folgendes: die Avantgarde ist um les Halles und die Bastille zu finden; Bilder großer Meister werden in den Galerien der feinen Straßen Matignon und des Fbg. St. Honoré ausgestellt. St. Germain des Près ist jetzt wieder in, was das Kunstangebot betrifft.

Bastille-Viertel: Zur Zeit die Pariser Adresse für alternative Kunstgalerien. In den rues de Lappe, de Charonne, des Fbg. St. Antoine und la Roquette – da genau wo vor noch 10 Jahren die Handwerker ihr Atelier hatten – wohnt heute die neue Künstlergeneration.

St. Germain des Près: Auch „Carré rive gauche" genannt. Zwischen Musée d'Orsay und Beaux-Arts (die Pariser Kunstschule) gibt es 130 Galerien. Nun organisieren sie jedes Jahr im Mai einen riesigen Markt der Künste.
Rue de Seine: Vor allem die 50er Jahre, aber auch Bildhauerei und afrikanische Kunst.
Rue Bonaparte, No. 6: Galerie Yves Gastou. Eine Topgalerie.
Die 20er Jahre: Zwei Frauen befassen sich sehr mit dieser Kunstrichtung. Es sind Cheska Vallois (41 rue de Seine) und Anne Sophie Duval (5 rue quai Malaquais).

Karten Greve, 5 rue Debelleyme, 3ème arr. Metro: St. Bastien.
Der erste und bis jetzt der einzige Deutsche, der eine Galerie in Paris eröffnet hat (Frühjahr 89). Werke großer Meister und auch junge Künstler.

Librairie Artcurial, 9 avenue Matignon, 8ème arr.
Von Dienstag bis Samstag geöffnet, ab 10.30 Uhr bis 19 Uhr.
Die Pariser Kunstbuchhandlung par excellence!

Die FIAC, Grand Palais, am Champs-Elysées, 8ème arr.
Der größte französische Markt für moderne Kunst. Existiert seit bald 20 Jahren und kämpft immer noch um Anerkennung auf dem internationalen Markt.
Er findet in der 2ten Woche in Oktober statt, ist geöffnet von 12 bis 19.30 Uhr.

Le Salon des Femmes, auch im Grand Palais, den ganzen Monat Juni

Im Jahre 1881 gründete die Pariser Bildhauerin Madame Bertaux „L'Union des peintres et sculpteurs" um den Künstlerinnen den Zugang zur Kunstschule zu ermöglichen. Damals profitierten davon die Malerin Marie Laurencin und die Bildhauerin Camille Claudel. Seit 1984 organisiert die Union alljährlich Le Salon des Femmes, im Grand Palais. 400 Malerinnen und Bildhauerinnen aus ganz Frankreich stellen aus.

Siege social: 9 rue Berryer, 8ème arr. Tel. 43 54 96 60.

7. Photographie

Sie ist der kleinere Bruder der Kunst in Paris. Dennoch gibt es 2 Galerien – von zwei Frauen geführt –, die seit über 10 Jahren Pionierarbeit leisten. Galerie Viviane Esders, 40 rue Pascal, 13ème arr. Metro: Gobelins und die Galerie Agathe Gaillard, 3 rue du Pont Louis-Philippe, 4ème arr. Metro: Pont Marie.

8. Antiquitäten

Hotel Drouot, 9 rue Drouot, 9ème arr. Metro: Le Peletier: Tel. 42 46 17 11

Kein Geschäft, keine Galerie, sondern „la salle des ventes", das Auktionshaus von Paris.

In einem nichtssagenden modernen Gebäude von 3 Etagen untergebracht, empfängt das Hotel Drouot über 5 000 Besucher täglich.

Hier werden hauptsächlich kostbare Sachen versteigert, wie Silberbesteck, Schmuck, Möbel, Teppiche und wertvolle Gemälde.

Die Gegenstände kann man sich vorher anschauen. Zu diesen Auktionen kommen auch Franzosen aus der Provinz. Jeden Freitag erscheint „die Gazette de l'Hôtel", die Auktionen der nächsten Tage ankündigt. Tel. 42 61 81 78. Unter dieser Nummer erfährt man, was am gleichen Tag versteigert wird.

Auch wenn man nichts ersteigern will: Dem Betrachter bietet sich ein herrliches Spektakel. Ein Jahrmarkt, auf dem Pokergesichter und seriöse Kunden um die gewünschte Ware feilschen.

Le Louvre des Antiquaires, 2 place du Palais-Royal, 1. arr. Metro: Palais-Royal.

Tel. 42 97 27 00

In der Nähe des Palais-Royal findet man, auf drei Etagen verteilt, 250 Antiquitätenläden Tür an Tür, in sehr gepflegter, luxuriöser Atmosphäre.

Sehr interessante Wechselausstellungen über Accessoires.

Village Suisse, Ecke avenue de la Motte-Piquet und avenue de Suffren, 7ème arr. Metro: Ecole-Militaire.

Außer Dienstag und Mittwoch täglich geöffnet. Um eine Kreuzung gruppieren sich hundert kleinere Geschäfte mit Antiquitäten, jedoch mehr Flohmarkt-Atmosphäre.

Der beste Einkaufstag ist der Donnerstag, wenn die neue Ware geliefert wird. Möglichst schon um 8 Uhr da sein.

La Cour des Antiquaires, 54 faubourg Saint-Honoré, 8ème arr. Metro: Madeleine.

Am Sonntag und am Montagvormittag geschlossen.

18 kleine Boutiquen, sehr gepflegt. Man findet alles, von russischen Ikonen bis zu Gemälden des 19. Jahrhunderts.

Village Saint-Paul, zwischen der Straße Saint-Paul und der Straße Charlemagne, 4ème arr. Metro:Sully-Morland.

Dienstags und mittwochs geschlossen.

Mitten im historischen Maraisviertel findet man 60 Geschäfte, die vor allem Objekte des 19. Jahrhunderts bis 1925 führen.

Autour des Beaux Arts, 6ème arr. Metro: Saint-Germain oder Odéon.

Wenn man von einer der beiden Metrostationen in Richtung Seine läuft, kommt man zunächst an der renommiertesten Kunstschule Frankreichs vorbei, der „école des Beaux-Arts" in der Straße les Beaux-Arts.

In dieser Straße und den benachbarten (rue de Seine, rue des Saints-Pères, Bonaparte, rue de Lille) haben sich viele Kunsthändler niedergelassen. Die kostbaren Antiquitäten würden auch jedem Museum zu Ehre gereichen.

Rue Faubourg Saint-Honoré, 8ème arr. Metro: Concorde oder Madeleine.

In dieser Straße, wo fast alle Pariser Couturiers vertreten sind, findet man mit die feinsten Antiquitätenläden von Paris, vor allem auch sehr kostbare alte Gemälde und Möbel.

9. Flohmärkte und Trödel

Le marché aux Puces de Saint-Ouen, 18ème arr. Metro: Porte de Clignancourt oder Porte de Saint-Ouen.

Samstags, sonntags und montags geöffnet.

Das Café „Chez Louisette" auf dem Flohmarkt St. Ouen
(Photo: B. Chanéac)

Der 100 Jahre alte Flomarkt, im Norden der Stadt, ist zugleich die
größte und berühmteste „foire à la brocante" der Welt. Sie empfängt
mehrere Millionen Besucher pro Jahr. Hier kaufen die Antiquitätenhändler der Stadt ein. Man findet alles und zu jedem Preis.
Der Flohmarkt besteht aus acht verschiedenen Märkten. Wenn Sie
etwas kaufen wollen, dann sollten Sie möglichst früh da sein.
Der nebenstehende Plan hilft, die einzelnen Marktreviere besser zu
finden.
Und den Sonntag vermeiden. Es sind viel zu viel Leute unterwegs! Vor
allem Jugendliche, die am Rande des Flohmarktes Jeans, Lederjak-
ken und Stiefel kaufen.
**Leider ist der Flohmarkt dabei, sein pittoreskes Gesicht zu verlie-
ren. Tiefgaragen werden nun gebaut, inmitten der Märkte und
eine moderne Passage aus Glas und Aluminium ist dabei zu entstehen, gegenüber dem Eingang vom Marché Vernaison. Sie
trägt den Namen: Marché Malassis. Sogar das urige Lokal Chez
Louisette im Marché Vernaison hat viel an Charme gebüßt, seit
der winzige Raum erweitert wurde. Schade!**

1. Marché Biron:

Dieser Flohmarkt ist die fbg St. Honoré de l'antiquité des Flohmarkts.
220 Stände.
Spezialitäten: Haute Epoque bis Neuzeit.
Stand 3: Art déco-Poster
58: Alte Postkarten u. Materialien über die Geschichte des Flohmarkts.

82

57: Schöne alte Gläser
139: Bilder des 19. Jahrhunderts
153: Alte Kleider u. passende Accessoirs

2. Marché Malik

Ein kleinerer Markt, in dem man Kleider aus den 50er und 60er Jahren mit den dazu passenden Accessoirs kaufen kann. Geführt wird dieser Markt seit 1920 von einem ehemaligen Prinzen aus Albanien.

3. Marché des Rosiers

Ein kleiner Markt mit nur 20 Ständen. Sehr gepflegt. Spezialisiert auf Keramik und Gläser aus den Jahren 1900 bis 1930, viele Lampen und Nippes aus der Zeit um 1900 (Stände 9, 6) und Art deco in Stand 8.
La Chope aux puces: ein neues Café für mittellose Künstler. Kort hört man vor allem Zigeuner-Musik. Sehr in Mode. Geöffnet von 12 Uhr bis 20 Uhr.
Au petit Navire: ein Bistro (Hauptgericht für 55 F) und Teesalon.

4. Marché Serpette

Ein großer Markt mit 130 Ständen. Spezialisiert auf „New Look", Sachen aus den 30er, 50er und 60er Jahren.
Weitere Spezialisierung: Möbel aus Bistros und Badezimmern, beide um 1900. In Stand 2 kann man ein völlig rekonstruiertes Bistro sehen.
Stand 8: Lampen von 1920 – 30.

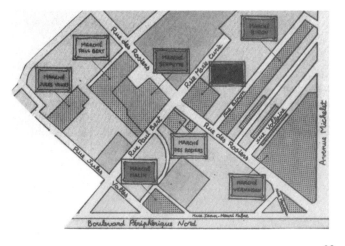

5. Marché Vernaison

Herr Vernaison, der diesen Markt leitet, hat bis 1920 noch Stühle in Pariser Parks vermietet. Ein großer Markt mit 300 Ständen. Es ist das Revier mit dem meisten Charme und der Eigenart, daß hier die Verkäufer, wie in orientalischen Souks, Karten und Schach spielen, während sie auf die Kundschaft warten.

Spezialitäten sind Spitzen, alte Knöpfe und Postkarten.

Stand 6: Die Welt der Perlen

132: Kleider von 1900 bis 1920

186: Seiden zur Restaurierung alter Möbel

Innerhalb dieses Marktes befindet sich das Bar-Restaurant „Chez Louisette". In einer winzigen Straße, die „Allee 10" heißt, ist das Lokal zu finden. Dieses originelle Lokal bietet die Atmosphäre des Paris von früher. Während das rustikale Essen serviert wird, unterhalten ein Akordeon-Spieler und eine Sängerin, die Piaf-Lieder vorträgt, ihre Kundschaft.

In diesem Lokal sang die Portugiesin Linda de Suza, bevor sie hier entdeckt wurde und ihre große Karriere in Frankreich begann (in den 70er Jahren).

6. Marché Cambo

Vierzig Aussteller bieten ihre Waren innerhalb eines Hauses an, das sie komplett eingerichtet und dekoriert haben. Im 1. Stock findet man Möbel aus der Zeit Napoleons III. und im Parterre gibt es Gemälde aus dem 19. Jahrhundert.

7. Marché Jules-Vallès

Dies ist der Trödler im Flohmarkt. Interessant, aber er bietet keine großen Kostbarkeiten an.

8. Marché Paul-Bert

Ein recht großer Trödlermarkt mit 250 Ständen. Seine Spezialitäten sind Möbel aus französischen Provinzen.

In einer Straße, die „Allee 3" heißt, findet man alte Türen aus dem 17. bis 19. Jahrhundert.

Stand 11, 19, 20: Alte Küchenherde und Kamine

230: Lampen und Vasen von 1900 bis 1920

232: Alte Koffer und Reisetaschen

Kleinere Flohmärkte

Wem der „große" Flohmarkt an der porte de Clignancourt zu überlaufen und auch zum Teil zu kommerzialisiert ist, der findet an den Wochenenden auch an anderen Ausfallstraßen der Stadt Trödlermärkte mit attraktiven und (leider immer weniger) preiswerten Gelegenheits-Angeboten. So zum Beispiel an der porte de Vanves im Süden (14ème arr. Metro: Vanves) an der porte de Montreuil im Osten (20ème arr. Metro: porte de Montreuil) oder im südöstlichen Vorort Kremlin-Bicêtre (Metro: Kremlin-Bicêtre).

Für anspruchsvollere und finanziell gut betuchte Kunden findet alle zwei Jahre jeweils Ende September im Grand Palais die „biennale internationale des antiquaires" statt. Drei Wochen lang stellen dort die renommiertesten Antiquitätenläden aus Frankreich und anderen europäischen Ländern einen Querschnitt ihres Angebots aus.

Sporadische Flohmärkte

In den ersten beiden Juniwochen findet vor der Kirche St. Sulpice, auf der Place St. Sulpice, ein Flohmarkt statt. 6ème arr. Metro: Saint Sulpice

Am Fuße des Eiffelturms gibt es in den ersten beiden Novemberwochen alljährlich einen Flohmarkt. Sehr malerisch. 7ème arr. Metro: Ecole Militaire.

10. Boutiquen der Museen

Letzter Snobismus der Pariserinnen: Ihre Einkäufe in den Boutiquen verschiedener Museen vorzunehmen. Besonders chic: Das Geschirr vom Museum der *„Arts Décoratifs"* oder Gravuren aus dem Louvre. Und seit neuestem Ohrringe und Handtaschen aus dem *„Musée de la Mode"* im Louvre. Oder die Tulipe, die Tulpe der alten Metrostationen (ab 150 F).

Musée des Arts de la Mode, 109 rue de Rivoli, 1. arr. Metro: Louvre oder Tuileries.
Montags und dienstags geschlossen. Öffnungszeit: von 12 bis 18.30 Uhr.
Die Boutique befindet sich im 5. Stock des Pavillon de Marsan, am Louvre. Hier kann man Reproduktionen von Schmuck und Accessoires kaufen, die von den Grands Couturiers vor langer Zeit nur als einmaliges Einzelexemplar hergestellt worden waren. Die Preise sind erschwinglich. Eine weitere Spezialität: Ländliche Kleidungsstücke, unter anderem Baskenmützen. Hier gibt es auch die in Mode gekommenen Manet-Schirme.

All diese schönen alten Stücke gibt es in der Museumsboutique des Musée des Arts et de la Mode zu kaufen. In der Mitte unverkennbar der nach dem Maler Manet benannte Regenschirm.

Musée de la Mode et du Costume de la Ville de Paris, 10 avenue Pierre de Serbie, 16ème arr. Metro: Iéna
Montags geschlossen. Öffnungzeit von 10 bis 17.40 Uhr.
Poster von den schönsten Ausstellungen zum Thema Mode in den letzten Jahrzehnten. Man kann Anziehpuppen kaufen mit der Mode von 1865 bis heute.

Musée des Arts Décoratifs, 107 rue de Rivoli, 1. arr. Metro: Louvre oder Tuileries.
Montags und dienstags geschlossen. Geöffnet von 10 bis 18 Uhr.
Reproduktionen von Geschirr, wie es seit dem 18. Jahrhundert hergestellt wurde. Außerdem Reproduktionen von Haushaltsgegenständen, die ab 1900 entstanden sind.

Musée d'Art Moderne de la Ville de Paris, Palais de Tokyo, 11 avenue du Président-Wilson, 16ème arr. Metro: Iéna.
Am Montag geschlossen; Öffnungzeit: von 10 bis 18 Uhr.
Seidentücher mit Motiven der Maler Robert Delaunay und Dufy. T-Shirts, die als Motiv die Pont-Neuf-Brücke zeigen, wie sie der Künstler Christo in Stoff eingepackt hatte. Hier gibt es auch kuriose Teekannen und andere Haushaltsgegenstände.

Musée de la Marine, place du Trocadéro,
16ème arr. Metro: Trocadéro.
Am Dienstag geschlossen; Öffnungszeit: von 10 bis 18 Uhr; Hermès-
Seidentücher, Schlüsselanhänger, wie sie Matrosen auf dem Schiff
„Normandie" benutzten sowie Schiffe in Glasflaschen. Die Hermès-
Tücher gelten als Erkennungsmerkmale der BCBG-Dame. (Vgl. „Die
Kaste der BCBG")

Musée du Louvre, Place du Carroussel, 1. arr. Metro: Louvre.
Am Dienstag zu; Öffnungszeit: von 10 bis 18 Uhr.
Reproduktionen von altem Bronze-Schmuck und anderen schönen
Stücken aus vergangenen Jahrhunderten. Und Reproduktionen alter
Stiche.

Centre Pompidou, 120 rue Saint-Martin, 4ème arr. Metro: Halles.
Am Dienstag zu; Öffnungszeit: von 12 bis 20 Uhr.
Ein schönes Papiergeschäft mit einem ausgefallenen Angebot für Kin-
der und Schüler.

Intelligentsia
Die literarischen Salons sind tot – es leben die literarischen Cafés! Die
elitären Treffs auf dem Plüschsofa (wie im 19. Jahrhundert) sind out,
heute kann man die Bestseller-Größen der Pariser Bücher-Szene
meist zur Apéritif-Stunde in den folgenden Wein-Bars antreffen (bis 2
Uhr nachts geöffnet und am Wochenende geschlossen):
Le bar du Pont Royal (siehe Seite 73), **le Twickenham** (70, rue des
St. Pères, 7ème arr.), **le Trianon** (1 rue de Vaugirard, 6ème arr.), **Har-
ry's New York Bar** (5ème Danou, 8ème arr.).

Drouant
Das berühmte Restaurant Drouant (place Gaillon, 2ème arr., Tel.
47 42 56 61; Samstag und Sonntag geschlossen), wo seit 1914 Frankreichs berühmtester **Literatur-Preis**, der **Prix Goncourt**, vergeben
wird, ist nach einjähriger Renovierung wieder geöffnet. Die Preise
(300 bis 500 Francs) entsprechen der literarischen Reputation.

Coupole
Hemingway, Sartre oder Gertrude Stein würden sich wohl im Grabe
herumdrehen, wüßten sie, daß der ehrwürdige Literatentreffpunkt der
zwanziger, dreißiger und vierziger Jahre in die architektonische Zange
genommen wurde. Über der „Coupole" entstanden mehrere Büro-
Etagen, darunter Tiefgaragen. Der Betrieb der „Coupole" selbst soll
davon unberührt bleiben, so hatte der neue Besitzer der Elsässer
Bücher verprochen.
Leider ist es heute in der Goupole genauso laut und ungemütlich wie
in einem Bahnhofsrestaurant! Nun setzen sich die Pariser in die Cafés
gegenüber.

11. Schmöker und Schmökern: Les bouquins

Deutsche Buchhandlungen

Calligrammes, 8 rue de la Collégiale, 5ème arr. Metro: Gobelins.
Eine der bekanntesten deutschen Buchhandlungen in Paris.

Paris-Marissal, 42, rue Rambuteau, 3ème arr.
Metro: Rambuteau, les Halles.
Eine günstige Lage: gegenüber dem Centre Pompidou.

Le Roi des Aulnes, 159 Bld. de Montparnasse, 6ème arr.
Metro: Vavin.
Im Montparnasseviertel, gegründet von der französischen Germanistin Nicole Bary. Ruhiges Zentrum deutschsprachiger Konferenzen und Dichterlesungen. Mangels finanzieller Zuwendung ständig von der Schließung bedroht. Wenn finanzkräftige Mäzene nicht wirksam nachhelfen . . .

Deutsche Zeitungen findet man in den Kiosken an den Hauptsehenswürdigkeiten und auch an den Bahnhöfen Gare de l'Est und Gare du Nord.

Bekannte Buchhandlungen

La Hune, 170 Bld, St. Germain, 6ème arr.
Der traditionelle Rastplatz für Intellektuelle auf Flaniergang. Geöffnet bis Mitternacht.

Bld. Montparnasse, zwischen Closerie des Lilas und Kreuzung Vavin.
Über ein dutzend Buchhandlungen dem berühmten Boulevard entlang. „In" zur Zeit: Chez Tschann, No. 125, früher Magasin Castelucho, wo die Maler des Montparnasse-Viertels ihre Farbe kauften.

Librairie le Divan, 37 rue Bonaparte, 6ème arr.
Sehr renommiert für Ihre Gedichtsammlung. Mme Renée Pilorgé, die diese Abteilung aufgebaut hat, plaudert gern mit der Kundschaft „mein Verhältnis zur Poesie ist fast religiös" gesteht sie zu.

Album, 60 rue Monsieur le Prince, 6ème arr.
Eine außergewöhnliche Comic-Kollektion.

Tiers-Mythe, 21, rue Cujas, 5ème arr.
Auf die Dritte Welt und Minderheiten spezialisiert. Frauen, Immigration sind kleine Abteilungen. In der Abteilung „Ethnoküche" eine Rarität: Le chant du riz pilé oder 100 vietnamesische Kochrezepte.

Le Tour du Monde, 9 rue de la Pompe, 16ème arr.
Einzigartige Buchhandlung, die ein Bestellservice für vergriffene Bücher anbietet. Tel. 45 20 87 12.

Dumpingpreise

FNAC – (Diese vier Buchstaben stehen für die zwei Niederlassungen eines Geschäftes, das Bücher und Schallplatten verkauft. Sie sind hier am billigsten in ganz Paris.)
Die Läden sind von 9.30 bis 18.30 Uhr geöffnet, jedoch am Montag geschlossen. Die Adressen der Geschäfte:
Forum des Halles, 1er arr. Metro: Halles
136 rue de Rennes, 6ème arr. Metro: Rennes
Auf dem intellektuell anspruchsvollen Seine-Ufer macht es sich gut, eine FNAC-Tüte in der Hand zu halten. Sie verschafft einem gleich das gewünschte Renommee.
Die FNAC-Läden sind vor allem für Schallplatten eine gute Adresse. Vor allem bei afrikanischer oder karibischer Musik. Aber: Schallplatten sind wegen der in Frankreich höheren Mehrwertsteuer teuer. Ein Geheimtip auch für Comic-Liebhaber: Kinder (und natürlich auch Erwachsene) können hier stundenlang ungestört schmökern.

Maxi-Livres, 38 rue Rambuteau, 3ème arr.
Ein neues Geschäft. Es bietet frisch erschienene Bücher mit großem Rabbat an.

Megastore, 52 Champs-Elysées, 8ème arr.
Der jüngste, dafür der größte Supermarkt der Musik und Bücher. Die Idee kommt aus England. Von 10 Uhr bis Mitternacht geöffnet, auch am Sonntag. Hier signieren die Stars ihre Schallplatten. Hier trifft sich nun die Pariser Jugend!

Frauen und Bücher

Bibliothèque féministe Marguérite Durand, 79, rue Nationale, 13ème arr. Metro: Tolbiac, Tel. 45 70 80 30
Die feministische Bibliothek, die den Namen der ersten Frau trägt, die eine Tageszeitung herausgab. 20 000 Bücher, 4000 Briefe (u. a. Mme. de Stael, Colette), 3000 Fotos von Frauen der Kommune. Von Dienstag bis Samstag geöffnet von 14 bis 18 Uhr.

*In der FNAC kann man
auch Theaterkarten
vorbestellen.
(Photo: L. Garcia)*

Des Femmes, 74 rue de Seine,
6ème arr. Metro: Odéon oder Mâbillon.
Jeden Tag von 10 bis 19 Uhr geöffnet.
Seit 1974 Verlagsbuchhandlung der *Editions des Femmes*. Ein Frauenbuchladen, in dem es immer etwas zu entdecken gibt, vor allem Ausstellungen über Frauen. Eine reiche Auswahl an Kassetten: Bekannte Frauen lesen Auszüge aus literarischen Werken.

Maison du dictionnaire, 98 Bld. du Montparnasse, 14ème arr.
Metro: Vavin, Tel. 43 22 12 93
Auch hier kann man stundenlang mit Schmökern verbringen. 30 000 Titel stehen zur Auswahl.

Bücher über Gastronomie

Le Verre et l'Assiette, an der Ecke rue St-Jacques et rue Val de Grâce, 5ème arr. Metro: Port-Royal.
Die Besitzerin sammelt alle Bücher, die mit Essen und Trinken zu tun haben. Die Kundschaft besteht vor allem aus Journalisten, Professoren und Hotelfachschülern (300 Titel).

Librairie pour fine-gueule, 4 rue Dante,
5ème arr. Metro: Maubert-Mutualité.
Die Besitzerin hier sammelt die schönsten Bücher über Gastronomie,
die es je gab.

Aus dem Garten

La Maison rustique, 26 rue Jacob, 6ème arr. Metro: St. Germain des
Près
Die literarischen Grundlagen für die Pflege des eigenen Gartens bie-
tet seit 150 Jahren dieser Laden an.

Die Bouquinistin
Françoise Dunand
(Photo: B. Baxter)

Paris-Portrait:

Die älteste Bouquinistin der Metropole

Seit 25 Jahren ist Françoise Dunand Bouquinistin auf dem Quai des Grands Augustins an der Ecke zum Pont Saint-Michel. Mit ihren mehr als 70 Jahren ist sie die dienstälteste, die „alte Dame" der Pariser Bouquinistinnen.

„Es ist ein sehr harter Beruf. Schon wegen des Wetters. Ob es regnet oder schneit, wir müssen auf den Quais sein. Und die Bücher! Da hat man ganz schön was zu schleppen. Ich kaufe meine Ware immer im Auktionshaus Drouot und trage sie selbst bis an die Seine. Natürlich, weil ich so Geld spare. Bei Drouot bekommt man übrigens alles, von den kostbaren Gedichtsammlungen mit Ledereinband und Goldprägung aus dem 16. Jahrhundert bis zum Wäschekorb voller Taschenbuchkrimis. Neben Geschirr, Möbeln, Silber etc. Aber das interessiert mich nicht. Solch eine Versteigerung muß man mal miterlebt haben! Da knistert die Luft vor Spannung. Man muß höllisch aufpassen, jede Sekunde zählt, die Konkurrenz ist groß, und ehe man sich versieht, ist ein schönes Objekt durch die Lappen gegangen.

Ich war lange Zeit übrigens die einzige Frau unter den Bouguinisten. Heutzutage gibt es fast so viele Frauen wie Männer in diesem Metier, es ist keine Männersache mehr.

Paris hat sich in den letzten zwanzig Jahren sehr verändert. Der Verkehr ist infernalisch geworden, die Autos brettern über das Trottoir, wo wir mit unseren Bücherkisten stehen, und bespritzen uns mit Dreck. Die Leute sind auch nicht mehr dieselben.

Trotzdem, woanders leben könnte ich auf gar keinen Fall. Paris hat eben seinen spezifischen Charme.

Meine Kunden sind übrigens meistens Männer. Warum? Die Französin, und die Pariserin vor allem, macht lieber Einkaufsbummel durch die Modeviertel, sie steht lieber vor den schillernden Vitrinen einer Boutique als vor meiner grauen Holzkiste mit Büchern. Die weiß halt nicht, wo die wirklichen Schätze liegen!"

V. Die Mode – was wäre sie ohne Paris

1. Die Haute Couture

Zum kleinen, exklusiven Kreis der Haute Couture gehören in Paris derzeit 22 Couturiers. In diese feine Gesellschaft sind in den letzten zehn Jahren nur drei Neulinge aufgerückt: Der Norweger Per Spook, der Deutsche Hemant Sagar, der mit dem Franzosen Didier Lecoanet zusammenarbeitet und zuletzt der Südfranzose Christian Lacroix. *La belle haute Couture* existiert seit 1850. Die Zugehörigkeit zur Haute Couture kann nur das Industrie-Ministerium bestätigen. Die Auswahlkriterien sind sehr streng. Um das Label H.C. zu erhalten, muß man mindestens 20 Angestellte beschäftigen und zweimal im Jahr eine Modenschau für die internationale Fachpresse veranstalten. Unter der Kollektion müssen sich mindestens 75 Modelle befinden. Außerdem müssen 45 weitere Vorstellungen für die eigene Kundschaft gezeigt werden.

Früher empfingen die großen Couturiers die Journalisten in ihren Häusern. Charles-Fréderic Worth (1825 – 1895), englischer Couturier in Paris, stellte als erster seine Modelle mit Mannequins vor. Die weiblichen Personen aus Proust-Romanen tragen oft Worthmodelle.

Heute, auf Grund des großen Interesses von mehr als 500 Journalisten aus aller Welt, präsentieren die großen Couturiers ihre Kollektionen in den exklusiven Hotels von Paris, wie dem Grand Hotel (2 rue du Scribe, 9ème arr.) oder dem Hotel Intercontinental (2 rue de Castiglione, 1. arr.). Sie finden Ende Januar statt und Mitte Juli.

Der deutschstämmige Hemant Sagar arriviert in letzter Zeit mit seinem Compagnon Didier Lecoanet in der Haute Couture-Szene. Hier ein Beispiel aus der Winterkollektion 89.

Für die Modenschauen kommen die schönsten Mädchen aus der ganzen Welt nach Paris. Ein Top-Mannequin verdient etwa 8000 F pro Defilée.

Die tatsächliche Kundschaft kommt allerdings nicht zu den Modenschauen. Sie wartet, bis alles vorbei ist und besucht dann incognito das Atelier der Modemacher. Arabische Prinzessinnen lassen sich Video-Kassetten mit den Modellen schicken.

Für wen der ganze Aufwand? Für maximal 3000 Frauen, vor allem Amerikanerinnen und arabische Prinzessinnen.

Jedes Modell ist ein Prototyp, der auf Wunsch nach den Maßen der Kundin noch einmal exklusiv hergestellt wird.

Die Bedeutung dieser exklusiven Modeschauen liegt darin, daß sie für die Couturiers eine Visitenkarte darstellen, die ihnen dann erlaubt, ihre Prêt-à-Porter-Mode, ihre Accessoires und ihre Parfüms gut zu verkaufen. Modelle sind also mehr Trendsetter und Aushängeschild für die Produkte, mit denen nachher das Geld verdient wird.

Über die breiteste Produktpalette, die seinen berühmten Namen trägt, verfügt Pierre Cardin. Für die Kundschaft ist wichtig, daß die Gegenstände von der Brille bis zum Federhalter die Initialen (*la griffe*) P.C. tragen.

Rien ne va plus

„Rien ne va plus" in der Haute Couture behaupten einige in Paris und im Ausland. Ein Italiener, Gianfranco Férré, soll den verblaßten Glanz von Dior polieren. Ein italienischer Stylist für Prêt à Porter sorgt neuerdings für den Ruf des noblen Hauses Guy Laroche. Ein anderer Stylist des Prêt à Porter – diesmal ein Franzose! – Montana – übernimmt das legendäre Haus Lanvin. Du jamais vu!...

DER TIP

Konfektionsgrößen

Die in Deutschland üblichen Konfektionsgrößen liegen immer unter den französischen. Wenn man ein Kleid der deutschen Größe 38 sucht, muß man in Frankreich nach Größe 40 greifen. Das gilt nicht für die Schuhgrößen. Die französischen Größen entsprechen den deutschen. Trotzdem, wer anprobiert, erlebt keine bösen Überraschungen.

Paris-Portrait:

Exklusivmodell bei Chanel

Inès de la Fressange war das erste und lange Zeit das einzige Mannequin in Paris, welches einen Vertrag mit einer Haute Couture-Firma hatte. Sie ging nur für dieses Haus über den Laufsteg, während ihre Kolleginnen für eine Vielzahl von Couturiers Kleider überstülpten. Heute verkörpert sie exklusiv das Image und Prestige des Duftes COCO.

„Man hat mich oft gefragt, ob mein Sonderabkommen mit dem Haus Chanel eine Frage der Schönheit sei. Auf gar keinen Fall. Es ist eine Sache des Image. Man muß nicht nur schön sein, man muß auch gebildet sein, um die Künstler zu inspirieren, die Modeschöpfer, die uns auf dem Präsentierteller in Bewegung setzen. Man muß seine Persönlichkeit über all die Jahre zu wahren wissen.

Ob ich Glück gehabt habe? Meine Chance war es, in einem Moment anzufangen, in dem die Magazine auf den europäischen Stil setzten, und nicht mehr auf den der blonden Amerikanerin oder Schwedin. Ich repräsentiere genau den Typ der Französin (Inès ist brünett, sie hat leichte Ringe unter den Augen). Sie sagen, daß ich mir bei der Modenschau einiges herausnehme? (Inès lächelt, lacht, schneidet Grimassen, geht ganz normal und brachte neulich auch schon mal ihren Hund mit auf den Laufsteg.) Aber natürlich, das ist wahr, und das habe ich immer gemacht, denn ich finde solche eine Modenschau viel zu streng, man muß sie irgendwie aufheitern. Der Humor ist ja trotz allem wichtig."

Adressen der Haute Couture

Die erste Mode-Boutique in Paris war an der Place Vendôme. Heute findet man an dieser Stelle die bekannten Namen Grés, Chanel und Schiaparelli. Alle drei waren Frauen.

Bis auf eine Ausnahme haben sich alle bekannten Modeschöpfer am rechten Seineufer niedergelassen. Nur Paco Rabanne befindet sich auf der anderen Flußseite: 7 rue du Cherche-Midi, im 6. arr. Alle anderen haben ihre Verkaufsräume und Ateliers im 8. arr. Dort, im 8. arr., befindet sich das sogenannte „Goldene Dreieck" mit den Straßen rue Montaigne, avenue George V und rue Francois 1.

Rue Montaigne, in der Nähe der Champs-Elysées

Metro: Alma-Marceau.
Dior, Ungaro, Laroche, Hanae Mori (Japanerin), Scherrer, Ricci.
Da sich die bekannten Häuser in der gleichen Straße befinden wie das Fernsehgebäude der Antenne 2, kann man erleben, wie die Mannequins von einer Modenschau aus direkt über die Straße zur TV-Station hinüberlaufen.

Avenue George V

Metro: Geroges V
Givenchi, Peer Spook (Norweger)

Rue Francois 1.

Metro: George V
Balmain, Venet, Lepage, Lapidus, Courrèges (der Erfinder des Mini-Rocks)

Fbg St. Honoré

Auf der anderen Seite der Champs-Elysées: Metro Concorde,
Lanvin, Férraud, Torrente, Patou, Cardin, Carven, Christian Lacroix.

Rue du Faubourg St. Honoré

Nr. 24: Die Produkte von Hermès repräsentieren mehr einen Stil als nur eine Mode. Dafür steht das „carré Hermès", ein Seidentuch, mit einem seit Generationen unveränderten Muster, zum Preis von derzeit 760 F.

Nr. 19: Die Prêt-à-Porter-Boutique von Karl Lagerfeld. Vorige Saison eröffnet. Sie gilt als eine der schönsten Boutiquen von Paris!

2. Kleider von der Stange: Le Prêt-à-Porter

Dieser Begriff bedeutet wörtlich übertragen etwa „fertig zu tragen", im übertragenen Sinne von der Stange. Es hat letztlich nur den Zweck, jüngste Trends sofort zu vermarkten.

Im Gegensatz zu der Haute-Couture wird jedes Kleid x-mal angefertigt und überall in der Welt in Boutiquen verkauft, zu sehr viel geringeren Preisen als das Original-Modell. Die Idee des Prêt-à-Porter existiert seit den 50er Jahren und stammt von Yves-Saint-Laurent.

Alle großen Couturiers stellen auch Prêt-à-Porter her. Man erhält ihre Kleider in ihren eigenen Boutiquen oder in renommierten Häusern. Mit den jüngeren Modeschöpfern hat das Prêt-à-Porter seit gut 15 Jahren an Bedeutung gewonnen.

Die neue Richtung begann mit dem Japaner Kenzo, der den Frauen die Kleider nicht mehr eng auf den Leib schneiderte, wie zuvor seine französischen Kollegen. Nach japanischen Vorbildern kreierte er eine bequeme Mode für die Straße. Er hatte den androgynen Typ vor Augen, in dem sich männliche und weibliche Charakteristika vereinigen. Derzeit ist es Jean-Paul Gaultier, der mit Vehemenz daran geht, die Männermode zu revolutionieren und ihr zu einer Vielfalt an Farben und Formen zu verhelfen, wie sie bis dahin in erster Linie den Frauen vorbehalten war. Dabei geht er sogar so weit, daß er Röcke für Männer kreiert.

Die jüngere Generation der Pariser Modeschöpfer nennt sich, in deutlicher Abgrenzung zu früher, nicht mehr „Couturiers" sondern „Createurs de Mode".

Derzeit gibt es 60 dieser jungen „Stylisten", die in Paris ihre Mode vorstellen. Die Namen wechseln schnell. Der Beruf des „Stylisten" ist derzeit ein begehrter Modeberuf.

Wie für die Haute Couture gibt es auch für Prêt-à-Porter feste Regeln: Zweimal im Jahr muß ein Modeschöpfer, ein „Createur de Mode", wie man diese Leute im Prêt-à-Porter nennt, der Fachpresse eine Mode-Defilée bieten. Es findet im Oktober und im März in riesigen Zelten statt, die in den letzten fünf Jahren im Jardin des Tuileries aufgeschlagen wurden. Sobald die Bauarbeiten im Hof des Louvre beendet sein werden, ziehen die „Créateurs de Mode" wieder dorthin zurück. Es kommen jeweils 1 500 Journalisten aus der ganzen Welt zu diesen einwöchigen Vorführungen, von denen täglich bis zu acht stattfinden.

Die Götter

Thierry Mugler, place des Victoires 2. arr. Metro: Bourse.
Neben Kenzo und Jean Paul Gaultier gibt es den 40jährigen Elsässer Thierry Mugler. Er wurde mit einem Schlag bekannt, als er für den ehemaligen französischen Kulturminister Jack Lang einen Anzug entwarf, den man ohne Krawatte trägt. Eine kleine Sensation war es, als der Ex-Kulturminister damit – also ohne Krawatte – vor der Nationalversammlung erschien. Muglers Spezialität ist es, daß er seine Modenschauen im „Zenith" vor 6000 Personen präsentiert und sozusagen als Theater, für das er die Choreographie arrangiert.

Azzedine Alaia, 17 rue du Parc Royal, 4ème arr. Metro: Chemin-Vert.
Der aus kleinen Verhältnissen stammende tunesische Modeschöpfer, der mit 18 Jahren seine Heimat verließ, lernte zunächst bei den großen Modemachern von Paris. Die Besonderheit seiner Kreationen besteht darin, daß er immer schwarzen Jersey als Material verwendet und die Frauen durch enganliegende Modelle als besonders sexy erscheinen lassen möchte. Mit dieser Mode ist er bereits seit Jahren in den USA sehr erfolgreich. Vor drei Jahren hat er mit diesem Stil auch für Paris den neuen Trend vorgegeben.

Andere Namen: Comme des Garçon, (eine Japanerin) Yamamoto, Castellbajac.

Adressen des Prêt-à-Porter

Im Gegensatz zur Haute-Couture findet man die Boutiquen des Prêt-à-Porter zu beiden Seiten der Seine.

Rive droite, rechtes Seineufer

Les Grands Magasins: Seit ein paar Jahren verkaufen die renommiertesten Kaufhäuser von Paris, wie Galeries Lafayettes und Printemps, beide am Boulevard Haussmann gelegen (Metro: Havre-Caumartin) nahezu nur noch Prêt-à-Porter. Hierher kommt die Pariserin, um sich zu informieren, was gerade getragen wird.

Champs-Elysées: Auf der rechten Seite der renommiertesten Straße der Welt, mit Blick auf den Arc de Triomphe, ist das klassische Prêt-à-Porter gut vertreten. Hier kauft allerdings die Pariserin nicht ihre Garderobe ein, denn hier ist es sehr teuer. Die Champs-Elysées üben vor allem eine magische Anziehungskraft auf Ausländer aus. Auch viele Deutsche trifft man hier. Doch auch wer nicht hier kauft, sollte sich einmal in einem der Geschäfte umsehen.
Metro: Champs-Elysées, George V, Etoile
Tip: Die Champs-Elysées ab 15 Uhr und vor allem am Samstag vermeiden. Es ist die Hölle los!

Paris-Portrait:

Die Kaste der BCBG

Es gibt in Paris eine Spezies Mensch, die ist vor lauter Bemühen um Unauffälligkeit höchst auffällig. Man trifft sie in den Bars der besseren Hotels an, sonntags in den Ausstellungen des Kulturtempels „Grand Palais" und ansonsten überall dort, wo sich der Aufenthalt mit den überkommenen Regeln des guten Geschmacks in Einklang bringen läßt.

SIE trägt flache Schuhe, nicht zu enge, nicht zu weite, nicht zu lange und nicht zu kurze Röcke, darüber ein Twinset mit dem obligatorischen Perleneinreiher, das Ganze gekrönt von einer gepflegten, nicht allzu gestylten Frisur.

ER geht gelegentlich auch in Jeans einher, dazu Hemd, Collegeschuhe, Schlips. Alles natürlich Markenware. Im Winter Loden, Loden, und nochmals Loden, gepaart mit ein wenig Kaschmir. Zur Sommerzeit entblößt man sich in Seide, Baumwolle und Leinen. Es wird strengstens darauf geachtet, daß man weder zu Avantgarde noch zur Arrièregarde der Mode gehört. Daher ist an Farben neben Rosa, Grau, Marineblau und Flaschengrün nicht viel drin. Proletarisch – grelles Orange zu tragen würde ein BCBG sich nie herablassen. Und damit der BCBG-Mensch („bon chic, bon genre") so richtig vollendet langweilig ist, gibt es für jeden Lebensbereich genaue Vorschriften. Ein BCBG teilt Handküsse aus, siezt seine Eltern, fährt französische Limousinen, spricht Englisch mit dem Akzent von Oxbridge, liest selbstredend den konservativen Figaro und empfängt bei Einladungen seine Freunde mit gerade soviel Grandeur, daß sie allen Anlaß haben, seine „Einfachheit" wertzuschätzen. Über Gefühle spricht man selbstredend nicht, die Behausung wird „maison", also Haus, genannt, selbst wenn es sich um ein Schloß handelt. Unmittelbar wirksam werdender Ausschluß aus der Kaste der BCBG droht dem, der sich am Wochenende auf dem Champs-Elyéées zeigt und durch die Berührung etwa mit Insassen deutscher Reisebusse unrein zu werden Gefahr läuft, der pünktlich zu einer Abendgesellschaft erscheint, samstagsabends vor dem Fernseher sitzt oder gar über Geld redet.

Wo kämen wir denn da hin? – BCBG oblige!

Eine typische Vertreterin der BCBG-Kaste (Photo: B. Chanéac)

Institut français du Savoir-Vivre, avenue Victor-Hugo, 16ème arr.
Elyane Delhaye-Lhermitte ist der Meinung, „das Savoir-Vivre" kann ge- und verkauft werden. Sie wendet sich vor allem an die neuen Reichen, die gern auch zu der BCBG-Spezies gehören wollen. Zu ihrem Unterricht kommen auch junge Leute mit starken Ambitionen und Kinder, die zu Weihnachten einen Kurs des bon genre als Geschenk bekommen. „Ich bringe meinen Schülern die Kunst einen Tisch richtig zu decken bei, die Raffinesse des Briefswechsels oder was ein gutes Baisemain ist etc..."
Die Preise sind auch bon chic: Ab 6500 F für 6 Privatstunden bis 24900 F. Je nach Bedarf.

Faubourg St. Honoré: Metro: Madeleine. In dieser langen Straße, die parallel zu den Champs-Elysées verläuft, und in der sich der Elysée-Palast befindet, haben alle Modemacher Niederlassungen. Diese teuerste Straße von Paris, wo man auch kostbare Antiquitäten findet, wird vor allem von wohlhabenden Ausländern aufgesucht. Hier kaufen steinreiche Araber für ihre Frauen ein.
Achtung: Sagen Sie nie, daß in dieser Straße etwas „chic" sei. Doppelausdruck!

Rue de Passy und rue Victor-Hugo: 16ème arr. Metro: Passy.
In diesen beiden Straßen haben die konventionellen Modeschöpfer allesamt Niederlassungen. Hierher kommt die „BCBG-Pariserin", um ihre Garderobe zu kaufen.

Es lohnt ein Blick in das fast hundert Jahre alte Geschäft von Franck et Fils in der rue de Passy. 1910 gab es hier den ersten Schlußverkauf mit reduzierten Preisen. Heute kann man nur an zwei Tagen, nämlich am ersten Donnerstag im Januar und am letzten Donnerstag im Juni, zu reduzierten Preisen kaufen. An diesen Tagen finden sich die ersten Käuferinnen bereits um 4 Uhr in der Frühe ein und die Schlangen reichen oft bis zur Trocadéro. Nicht nur Kleider sondern auch Accessoires sind hier begehrt.

Place des Victoires: 2. arr. Metro: Bourse.
Seitdem sich hier Kenzo, die Nummer 1 unter den jüngeren Modeschöpfern, niedergelassen hat, wurde dieser Platz zum Zentrum der jungen Mode. Dann, nach und nach sind auch seine jüngeren Kollegen hierher gezogen, wie beispielsweise: Thierry Mugler, Montana, Gaultier, Andrevie und Stephan Kelian (Schuhe), Emilia (Handtaschen und Handschuhe), seit kurzem auch Ghevignon.
Hierher kommt die modebewußte Pariserin, die dann gern in der rue des Petits-Champs bummelt und zum Abschluß eine Tasse Tee in einem der zur Zeit „en vogue" befindlichen Teesalons der nahen Passagen trinkt.

Les Halles: 1. arr. Metro: Halles
Im Bereich der Hallen (Forum) und um die Hallen herum, da wo früher der größte Markt von Paris tagtäglich stattfand, hat sich die Prêt-à-Porter-Mode niedergelassen. Stark vertreten sind die jungen Stylisten.
In dem Forum, d. h. unter der Erde, auf 4 Etagen verteilt, findet man unter anderem: Dorothee Bis, Gaston Jaunet, Ted Lapidus.
Über dem Forum gilt die rue Etienne-Marcel als die Straße der *„branchés"* also der Leute, die immer den letzten Schrei tragen. Nr. 38: die moderne Boutique des Star-Ehepaars des „Sportwear", Marithé et François Girbaud. Beide waren bereits in Amerika und Japan anerkannt, bevor sie sich in Frankreich einen Namen gemacht haben. Die Kollektion wird ständig auf Vidéo gezeigt.
Nr. 42: Comme des garçons. Eine japanische Stylistin.
Nr. 47: Yamamoto. Ein japanischer Mode-Créateur mit vielem Erfolg.
Rue du Jour, Nr. 3: Angès B. Die Boutique liegt hinter der schönen Kirche St-Eustache und gilt als chic und nicht teuer. Viele T-Shirts.
Rue Pierre Lescot, Nr. 4: sechs japanische Créateurs präsentieren ihre Kleider in einer großen Boutique.
Bld. Sébastopol, rue Rambuteau, rue St. Denis: viele Boutiquen mit Mode im Military-Look und Kleidermode der 30er und 50er Jahre für Frauen. Nicht zu teuer.
PS: Seit Oktober 89 gehört 1/3 des Forums den Japanern!

Rive gauche, linkes Seineufer

5ème arr.
Rue de Grenelle
Ein Mekka der jungen Stylisten mit Emmanuel Kahn, Chacok, Montana, Michel Klein.
Sonia Rykiel, die Berühmtheit mit den roten Haaren, die als Coco Chanel der 80er Jahre gilt, ist hier vertreten. Ihr Markenzeichen: Sie kleidet die Frauen in Schwarz, und kreiert hautnahe Modelle. In der Bar Twickenham treffen sich Modemacher und Verleger.

6ème arr.
Rue de Rennes
In dieser Straße und der benachbarten Straße sind die folgenden Stylisten vertreten: Benetton, Cacharel, Guy Laroche, Lapidus, Lanvin, Courrèges, Céline, Peggy Roche und Irie. Laurent Mercadal für die Schuhe.

Rue Bonaparte
Olivier Strelli, Louis Féraud, Ted Lapidus.
N° 70 rue Bonaparte: Eine Boutique, die schöne alte Spitzen verkauft.

Rue des Canettes, rue du Four
Zwei Nebenstraßen, ideal zum Shopping.

Place Saint-Sulpice
Anne-Marie Beretta (eine Japanerin) und Yves St. Laurent (diese Boutique am linken Seineufer gilt als weniger exklusiv als die anderen am rechten Seineufer).

Rue de Sèvres
Dorothée Bis, Marie Martine, Biba, Mosaique

Rue Madame
N° 11: Chantal Thomas. Sie wurde dadurch bekannt, daß sie vor bald 10 Jahren Strümpfe mit Spitzen verzierte und zugleich die Mode der Schnürbrust kreierte.

Quai des Grands Augustins: Metro: St.-Michel
Nummer 47, Maud Perl: alles ist aus Seide.

Die **Boulevards St-Michel und St-Germain-des-Prés**, sind heute längst nicht mehr die Straßen der Mode, die sie früher waren. Unter den Namen Kashiyma auf dem Bld. St-Germain Nr. 107 versteckt sich ein Deutscher Stylist, der Berliner Dietmar Sterling. Nr. 201: der Japaner Issey Miyake, der Kleider für große Frauen entwirft.

Fifties-Mode Nr. 13 und 20 rue Dauphine (Metro: Odéon) und Nr. 78 rue de Rennes (Metro: Saint-Placide): Mode der 50er Jahre und alte Spitzen.

Rue du Lobineau Nr. 1 (metro: Mabillon)
Soleiado: Mode aus der Provence, große Auswahl an Stoff.

Mode für schwangere Frauen

Rue du Vieux Colombier, 6ème arr. Metro: St. Sulpice
N° 5. Ein renommiertes Geschäft.

3. Dauer-Ausverkäufe des Prêt-à-Porter: Les dégriffés

Jedes Kleidungsstück eines berühmten Modeschöpfers trägt ein Schild *la griffe*, also mit dem Namenszug des Couturiers. Dieses Schild muß entfernt werden, bevor die Kleider nach dem Saison-Ende für den Dégriffés zur Verfügung gestellt werden. Dégriffés-Boutiquen nennt man die Geschäfte, die sich auf diese Art des Dauerausverkaufs spezialisiert haben. Manche Modemacher haben ihre eigenen Dégriffés-Boutiquen eröffnet. Diese Geschäfte finden Sie vor allem *rive gauche* , am linken Seineufer.

Rive gauche, linkes Seineufer

14ème arr.: rue Alésia. Metro: Alésia
(ab Nr. 74)
Vor 7 Jahren installierte sich hier Cacharel. Bald darauf folgten andere bekanntere Namen des Prêt-à-Porter. Heute kommt man aus ganz Paris hierher, aus ganz Frankreich und sogar aus dem Ausland, in die Straße „rue des Stocks" genannt. In den letzten Monaten ist die Anzahl der Kleiderboutiquen so gestiegen, daß man sich mit Recht fragen darf, ob es nicht auf Kosten der Qualität geht.
Samstagnachmittags ist hier das Gedränge groß.
Nr. 116: Stock 2 von Daniel Hechter für die ganze Familie.
Nr. 114: Cacharel Stock mit Preisen um die Hälfte reduziert.
Nr. 110: St-Claire Hemden ab 160 F
Nr. 80: Chistira, eine Untermarke von Hechter, die auf sportliche Mode spezialisiert ist.
Nr. 74: Dorothee Bis Stock mit ihrer großen Anzahl an gestrickten Kleidern und Jogginganzügen.

Shopping macht müde, hungrig und durstig. Um die Metrostation Alesia sind zwei Cafes zu empfehlen: die Brasserie Zeyer, die mit ihrem Dekor „à la rétro" auffällt und das ganz normale Café „Le Bouquet" neben dem Kino. Hier sitzen die Einwohner des Viertels vor einem Cafe, einem Bier, lesen „Libération" oder warten, bis der Regen vorbei ist.

6ème arr. um den place St-Placide. Metro: St-Placide.
Rue Saint-Placide, place Saint-Placide und rue Saint-Sulpice: eine andere Adresse in Paris, wo man viele Dégriffés-Boutiquen findet mit großer Auswahl verschiedener Marken. Günstige Preise. „Le Mouton à 5 pattes", 8 rue Placide gehört zu den bekanntesten Geschäften des Viertels.

5ème arr. Bd de l'Hopital. Metro: Marcel
Nr. 16: Stock Austerlitz. Unter diesem Namen versteckt sich das Depot von Daniel Hechter. Reduzierungen bis zu 50 %.

Rive droite, rechtes Seineufer

1. arr. Depot Emmanuelle Khanh, 6 rue Pierre-Lescot (Metro: Halles), in dem Hallenviertel (erster Stock).
9ème arr. L'Annexe des Créateurs, 19 rue Godot-de-Mauroy (Metro: Madeleine). Eine Degriffé-Boutique für Prêt-à-Porter der Avant-Garde von Thierry Mugler, Angelo Tarlazzi, Claire Barrat, Remy Daumas usw.
8ème arr. Sold' Dorés, 6 rue de Constantinople (Metro: Europe). Prêt-à-Porter der bekanntesten Namen wie Dior, Synonyme usw. Bis zu 50 % billiger.

16ème arr. Markelys, 74 bis rue d'Auteuil. Metro: Porte d'Auteuil
Eine große Auswahl an dégriffés klassischer Mode. Und Espace 63, 63 rue de Boulainvilliers. Metro: La Muette. Kleider von Chanel, Lanvin, YSL, Cerruti... und Schuhe von Kelian oder Jourdan.

4. Die großen Kaufhäuser: Ungestörtes Stöbern

Öffnungszeiten von 9.30 bis 18.30 Uhr, auch samstags.
Es gibt insgesamt sechs bedeutende große Kaufhäuser, davon fünf am rechten Seineufer. Sie stammen alle etwa aus der Mitte des vorigen Jahrhunderts und sind deshalb teilweise wegen ihrer noch erhaltenen, außergewöhnlichen Architektur interessant.

Glas und schmiedeeiserne Verzierungen: Kuppel der Galeries Lafayette *(Photo: B. Baxter)*

Galeries Lafayette, 40 Bld Haussmann,
9ème arr. Metro: Chaussée-d'Antin oder Havre-Caumartin.
Eine wunderschöne Glaskuppel von 1910, die man am besten aus der Abteilung für Kindermode sehen kann.
Spezialisiert auf die Mode der jungen Modeschöpfer – hierher kommt das Publikum zwischen 20 und 40 Jahren, um sich einzukleiden. Gelegentlich Modeschauen.

Le Printemps (Neben dem Galeries Lafayette).
Die Fassade von 1885 steht unter Denkmalschutz. Sehr sehenswert ist die Glaskuppel von 1925. Auch hier dominiert die junge Mode. Auf einer Etage findet man alles, was zur Inneneinrichtung eines Hauses nötig ist, entworfen von jungen Designern. (5. Stock) Im ersten Stock, in der Abteilung „Le cordon bleu" finden Hobbyköche alles, was sie für die perfekt eingerichtete Küche benötigen.

Le BHV, 53 rue de Rivoli, 1. arr. Metro: Hôtel de Ville.
In Frankreich die Nummer 1 für alles, was man zum Basteln benötigt.

Skulpturen in Dessous (Photo: L. Garcia)

Les 3 Quartiers, Bld. de la Madeleine, 8ème arr. Metro: Madeleine.
Ein kleines, sehr distinguiertes Kaufhaus in der Nähe vom Place de la Madeleine. Die feinen Damen aus dem 16. und 8. arr. sowie aus dem Westen von Paris kaufen hier ein.
Leider wird dieses renommierte Kaufhaus (das pariserischste sagen manche) in absehbarer Zeit seine Pforten schließen. Stattdessen wird es an dieser Stelle wieder einmal ein neues Bürohaus und abermals neue Tiefgaragen geben. **Es sei denn, die Historikerin und Architektin Lise Grenier setzt sich mit ihrem Kampf für den Erhalt des Gebäudes durch.**

Tati, 4 Bld. Rochechouart, 18ème arr. Metro: Pigalle.
140 rue de Rennes, 6ème arr. Metro: Rennes.
Das ist ein Kaufhaus, das die Pariserin nur heimlich besucht, und zwar früh morgens, bevor das Gedränge beginnt. Sie läßt dann die Verkaufstüte von Tati in einer anderen verschwinden. Denn es gilt nicht als chic, bei Tati zu kaufen, dem größten Basar von Paris. Hier sind die Fremdarbeiter aus Nordafrika Stammkunden. Das Angebot ist billig und modisch: Kleider, Schuhe, Kosmetik, Schmuck, Wäsche.

107

Wühltische bei Tati (Photo: B. Chanéac)

Le Prixunic, 109 rue de la Boétie, 8ème arr. Metro: George V. An den Champs-Elysées gelegen.
Hier kauft die Pariserin, denn hier erhält man noch modische und nicht zu teure Konfektionskleidung. Auch die Abteilung für Kindergarderobe ist gut.

La Samaritaine, 19 rue de la Monnaie, 1. arr. Metro: Pont-Neuf.
Besteht aus vier verschiedenen Gebäuden, mit einem etwas altmodischen Angebot. Bis zum Jahr 1992 wird das Einkaufen dort auch keine allzugroße Freude bereiten, denn das Haus wird gründlich renoviert. Die Restauration lohnt sich: Denn das 1870 eröffnete Haus verfügt noch immer über eine Glaskuppel und schöne alte Fresken. Im Haus zwei gibt es ein kleines Restaurant mit einer Terrasse, von der aus man einen sehr schönen Blick auf die Seine hat.

Le Bon Marché, rue de Sévres 6ème arr. Metro: Sévres-Babylone.
Das einzige Grand Magasin am linken Seineufer. Daß dieses Kaufhaus nicht so prunkvoll wie seine Schwestern auf dem anderen Seineufer ist, hat einen Grund. Von jeher wohnten auf der rechten Seineseite die Leute mit viel Geld, auf der linken Seite jedoch die Intellektuellen – die nur über bescheidene Finanzmittel verfügten. Das Kaufhaus inspirierte Emile Zola, dessen Roman „Au Bonheur des Dames" sich hier abspielte. Im Tiefgeschoß befindet sich „La grande épicerie

de Paris", eine umfangreiche Lebensmittel-Abteilung mit beispielsweise 350 verschiedenen Teesorten. Auch das Weinangebot hat einen
guten Ruf. Weitere Besonderheiten sind: Eine Antiquitäten-Abteilung
mit 30 Ständen, sowie eine Kurzwarenabteilung, in der 1 100 Knöpfe
an der Wand präsentiert werden.

In allen Grands Magasins erhalten Touristen, die aus EWG-
Ländern kommen, die Mehrwertsteuer von 13 bis 23 Prozent
(Schmuck, Schallplatten, Pelze, Parfums) an der Kasse
zurück. Voraussetzung ist jedoch, daß man mindestens für
2 400 F einkauft und einen ausländischen Paß vorzeigen
kann.

5. Le Sentier: der Umzug nach Aubervilliers

Da das Viertel (2te arr.) demnächst saniert wird, wurden die vielen
Grossisten und Stoffhändler von der Stadt Paris gebeten, umzuzie-
hen. Nach Aubervilliers, im Nordosten der Hauptstadt, wo zur Zeit
eine neue riesige Fabrik für kurzlebige Mode entsteht. In den 30er
Jahren war das 2te arrondissement Zufluchtsgegend für Ausgewan-
derte. Türkische Juden ließen sich hier als Konfektionäre nieder. Sie
arbeiteten zuerst als Zulieferer für die renommierte Haute Couture,
aber bald kopierten sie nur noch die Kleiderstücke der Créateurs, die
sich am besten verkauften. Es geschah meistens rasch über Nacht.
Die ganze Familie machte mit. (Siehe Passage du Caire, Seite 59).

DER TIP: Welcome-Service

*Die beiden großen (und bei den Touristen sehr beliebten)
Kaufhäuser Galeries Lafayette und Printemps haben seit
einiger Zeit einen sogenannten Welcome-service eingerichtet. Das ist eine spezielle Einrichtung für ausländische Kunden, die sich im Erdgeschoß befindet und den
interessierten Kunden mit Plänen und Prospekten weiter-
hilft und auch ausgefallene Fragen beantwortet.*

Preis-Ermäßigung beim Einkauf

Viele Waren sind in Frankreich mit einem besonders hohen Mehrwertsteuer-Satz belegt. Das gilt vor allem für Luxusartikel. Trotz eines günstigen Umrechnungskurses DM/F sind z. B. **französische Parfums in Frankreich oft teurer als in Deutschland.** *In den großen Kaufhäusern gibt es einen speziellen* **service de détaxe.** *Zurückerstattung der Mehrwertsteuer ab 2 400 F für die EG-Einwohner.*

Junge Pariserinnen
(Photo: B. Chanéac)

6. Modische Accessoires

Eine Umfrage hat ergeben, daß für die Altersgruppe der 15- bis 25-jährigen Accessoires zunehmend an Bedeutung gewinnen. Erst diese ergänzenden Kleinigkeiten machen den „Look" aus. Ihren persönlichen Stil in der Kleidung drücken Frauen immer mehr durch die ergänzenden Accessoires aus. Nachdem Modediktate entfallen sind, die mal kurze, ein andermal lange Kleider vorgeschrieben haben, sind jetzt vor allem nicht zu teurer Modeschmuck, Handtaschen, Gürtel und Schuhe wichtig. Durch diese Ergänzungen erhält eine Mode Pfiff.

6.1 Modeschmuck

Agatha:

– 8, rue de la Paix (2.) Tel. 42 96 49 97
– 97, rue de Rennes (6ème) Tel. 45 48 81 30
– Galerie des Champs – 84, Champs Elysées (8ème) Tel. 43 59 68 68
Agatha ist derzeit der bekannteste Name für Modeschmuck. Mannequins in Frauenzeitschriften tragen häufig diese Accessoires. Es gibt eine große Auswahl und die Stücke sind nicht teuer.

Anemone:

– 235, rue St-Honoré (14ème) Tel. 42 96 44 85
– 4, rue Bernard Palissy (6ème) Tel. 45 44 44 80
Der Schmuck ist entworfen von dem Stylisten eines großen Juweliers, Pairay. Oft von Mannequins gezeigt. Zu Preisen ab 300 F bekommt man ein schönes Stück.

Bijoubox:

– 78, av. Champs Elysées (8ème) Tel. 43 59 64 59
Die größte Auswahl an Modeschmuck in Paris.

Burma:

– 15, bd. de la Madeleine (14ème) Tel. 42 61 11 63
– 72, faubourg St-Honoré (8ème) 42 65 44 90
– 16, rue de la Paix (2ème) Tel. 42 61 60 64
Es ist der Spezialist für Nachahmungen, beispielsweise für falsche Perlen. Viel Effekt für wenig Geld.

Diemlite:

– Galerie Point Show – 66, Champs Elysées (8ème) Tel. 47 23 48 30
Er ist der Spezialist für falsche Diamanten.

Pinky:

– 11, rue du Dragon (6ème) Tel. 45 44 11 66
Eine sehr kleine Boutique, deren Stücke jedoch von einem bekannten Schmuck-Stylisten entworfen werden. Seinen Schmuck tragen häufig Covergirls in Frauenzeitschriften.
Ein paar Schritte weiter finden Sie 4 weitere Schmuckboutiquen, die sehr zu empfehlen sind: rue du Four, N° 23 und 27 Nérébides und Utility; 21 rue des St. Pères: Othello; 33 rue Bonaparte: Fabrice.

Pulcinella:

– 10, rue Vignon (9ème) Tel. 47 42 57 23
Schmuck aus Korallen, Elfenbein und Horn. Er verkauft auch Kämme, Flacons und andere Toilettenartenartikel aus der Zeit um die Jahrhundertwende.

Tentation:

– 80, rue des Saints Pères (7ème) Tel. 42 22 28 42
Eines der ersten Geschäfte in Paris, das sich auf Modeschmuck spezialisiert hat. Eine riesige Auswahl an Ohrringen und ein herzlicher Empfang, die das Geschäft seit 20 Jahren charakterisieren.

Es gibt zwei Straßen im 3. arr. – rue de Bretagne und rue Reaumur – Quartier des Temple – (Metro: Arts et Métiers), in denen sich insgesamt etwa 100 Geschäfte befinden, die Modeschmuck en gros verkaufen. Doch auf Anfrage und wenn man Glück hat, kann man dort auch als Einzelperson ein Schmuckstück erwerben, das in Boutiquen sehr teuer wäre.

Speziell Perlen kann man kaufen: Auf dem Flohmarkt St. Ouen, und in Perlhouse (1, rue Bernard de Clairvaux, 3ème arr. [quartier de l'Horloge], Metro: Etienne-Marcel. Jeden Tag geöffnet.) Und bei Gris Perle (2 rue du Pont-Neuf, 1. arr. Metro: Pont-Neuf). Hier kann man zusehen, wie im Nu eine Perlenkette gemacht wird. Auch jeden Tag geöffnet. Bei Sonia B, 15 rue Boissy-d'Anglas, 8ème arr. Metro: Concorde, stellen sechs Frauen aus alten Perlen Blumen und Kämme her.

Place Vendôme:

Es ist für einen Normalverdiener illusorisch, hier Schmuck zu kaufen. Denn hier liegen die teuersten Juweliergeschäfte der Welt nebeneinander. Wer Freude an schönen Auslagen und teuren Stücken hat, kann jedoch einen Bummel um diesen Platz und in die rue de la Paix machen, die zur Oper führt. Die Ruhe und Abgeschiedenheit dieses Platzes täuschen darüber hinweg, daß hier Millionengeschäfte getätigt werden.

Neuerdings hat der Modemacher Giorgo Armani eine Boutique aufgemacht (N° 6). Sie gilt als eine der schönsten in der Stadt.

Wer als deutscher Tourist in Frankreich Schmuck kauft, sollte daran denken, daß ihm die im Preis enthaltene Mehrwertsteuer von 33 Prozent zurückerstattet wird. Entweder wird der Betrag gleich im Geschäft abgezogen, oder man muß die an der Grenze entsprechend abgestempelten Papiere wieder an den Laden schicken, der dem Käufer dann den Preisnachlaß rücküberweist.

DER TIP

Parfums

Wer trotz der geringen Preisunterschiede in Paris Parfum einkaufen will, sollte dies in Läden tun, die einen besonderen Rabatt gewähren. Eine der besten Adressen ist: **Swiss**, *16 rue de la Paix (2. arr. Metro: Opéra). Man findet dort die Parfums aller bekannten Firmen. Außerdem auch Accessoires der großen Modemacher. Der Preisnachlaß beträgt bis zu 25 %.*

Aber auch in den großen Kaufhäusern, die fast alle bekannten Marken anbieten und im Angebot führen, gibt es immer wieder stattliche Sonderangebote für Ausländer (den Paß zeigen), bis zu 20 %.

Galbe: *Dies ist der Name einer winzigen Boutique in der 49 rue Dauphine im 6ème arr., in der man alte Parfumflacons kaufen kann.*

Querlain: *Das 100 Jahre alte Mutterhaus des berühmten Parfums auf den Champs-Elysées ist ein Kleinod.*

6.2 Sacs – Handtaschen

La Bagagerie:

– 12, rue Tronchet (8éme) Tel. 42 65 03 40
– 41, rue du Four (6ème) Tel. 45 48 85 88
– 74, rue de Passy (16ème) Tel. 45 27 14 49
Eine große Auswahl von Taschen zu jedem Preis und für jeden Geschmack. Sehr bekannt für „saccoches"-Taschen.

Celine:

– 3, av. Victor Hugo (16ème) Tel. 45 01 79 41
– 24, rue François Ier (8ème) Tel. 47 20 22 83
– 58, rue de Rennes (6ème) 45 48 55 55
Exklusiv und sehr teuer.

Gucci:

– 350, rue St-Honoré (1.) Tel. 42 96 81 89
– 21, rue du Fbd. St-Honoré (8ème) Tel. 42 96 83 27
Eine italienische Marke. Man kann hier kaufen, was man sonst nur in Florenz im Stammhaus findet.

La Boutique d'Emilia:

– 66, rue des Saints Pères (7ème) Tel. 42 22 19 39
Spezialitäten aus Lammleder: Taschen mit einem sportlichen Charakter.

Coach Bag:

– 27, rue Jacob (6ème) Tel. 43 26 29 17
Amerikanische Taschen, weich, praktisch und bequem.

Chanel Boutique:

– 31, rue Cambon Tel. 42 61 54 55
Hier gibt es die klassische kleine Chanel-Tasche mit der goldenen Kette zum Umhängen.

Hermès:

– 25, rue du Fbg St- Honoré (8ème) Tel. 42 65 21 60
Hermès-Taschen gelten als das Nonplusultra auf diesem Gebiet. Besonders begehrt sind sie bei den Japanern.

Didier Ludot:

– 23, 24, Galerie Montpensier (1.) Tel. 42 96 06 56
Die einzige Boutique, die Second-Hand-Ware der berühmten Namen
verkauft. Man findet auch andere Kleinigkeiten aus den 30er Jahren.

La Maroquinerie Parisienne:

– 30, rue Tronchet (8ème) Tel. 47 42 83 40
Eine große Auswahl an Hand- und Reisetaschen mit einem Preisnachlaß von bis zu 40 Prozent.

Vuitton:

– 78 bis, avenue Marceau (16ème) Tel. 47 20 47 00
Das Haus existiert seit 100 Jahren. Die Vuitton-Taschen werden
wegen ihrer bekannten Form überall in der Welt nachgemacht.

Reisetaschen aus Nylon

Zur Zeit sehr „en vogue": leichte, bunte Nylonreisetaschen findet man
bei: H. G. Thomas, 36 Bld. St-Germain (6ème arr.) oder Creeks, 155
rue de Rennes (6ème arr.), Daniel Hechter, 25 avenue Pierre de Serbie
(16ème arr.) Peer Spock, 18 avenue George V (8ème arr.)

6.3 Chapeaux – Hüte

Wer sich wohlbehütet der Pariser Luft stellen will, muß z.T. ganz schön
tief in die Tasche greifen.

Paulette, 63 avenue Franklin-Roosevelt,
8ème arr. Metro: Franklin-Roosevelt.
Einmal in seinem Leben sollte man sich einen Hut bei Paulette,
paßend zu „dem" Kostüm machen lassen, heißt es in Paris.
Paulette ist vor ein paar Jahren gestorben, aber das Haus hat sein
Renommee weiter beibehalten.

Jean Barthet, 13 rue Tronchet, 8ème arr. Metro: Madeleine.
Hier kaufen die berühmtesten Damen der Welt ihre Hüte und Turbane.
Man findet schon Hüte ab 200 F.

Venus und Neptune, 6 rue de l'Abbaye,
6ème arr. Metro: St-Germain-des-Prés.
Eine kleine Boutique mit einem auffallenden Schaufenster. Viele
Augenschleier und eine große Sammlung an Kopfbändern.

Das Hutgeschäft „Vénus et Neptune" – ob die beiden Kopfbedeckung geschätzt hätten? (Photo: B. Baxter)

La Tête en fête, 28 rue de la Trémoille, 6ème arr. Metro:
Die Besitzerin Eva stellt auch Kämme und andere Gegenstände, die als Kopfschmuck dienen können, her.

Christine et Marinette, 254 Fbg. St-Honoré,
8ème arr. Metro: Madeleine.
Mehr als 500 Modelle, jedes Genre, ab 300 F.

Jean-Charles Brosseau, 2 rue de Bouloi, 1. arr. Metro: Louvre.
Amüsante Hüte aus blauem oder rosa Acryl plus Baskenmütze und Turbane. Ab etwa 300 F.

Drei neue Adressen: **Marc Siber** (Galerie Vivienne, 2ème arr. Metro: Bourse); **Francine Millo** (25 rue Dareau, 14ème arr. Metro: St. Jacques), die zugleich Malerin und Bildhauerin ist und **Marie Mercié** (56 rue Tiquetonne, 2ème arr. Metro: Etienne Marcel), die sich in kurzer Zeit einen Namen gemacht hat mit ihren romantischen Hüten (von 150 F bis 3 000 F).

6.4 Schuhe

1. Schuhmuseum

Schuhe sind in Frankreich sehr teuer. Sehenswert ist aber der Besuch des privaten Museums der Schuhmacherfamilie Di Mauro. Es ist im ersten Stock des exklusiven Schuhgeschäfts Di Mauro in der rue du Fbg. St. Honoré Nr. 14 (Metro: Madeleine) zu finden.
Schuhe aus den letzten 50 Jahren, die der emigrierte Sizilianer Di Mauro für Prominente aus der ganzen Welt entwarf, sind ausgestellt. Der Empfang durch die Tochter Di Mauro ist für Pariser Verhältnisse extrem freundlich. Am besten meldet man sich telefonisch. Tel. 42 65 35 52.

2. Les charentaises

Dies waren immer die einfachen, grauen Hauspantoffeln, welche die Bauern auf dem Land, vorzugsweise in der Region Charentes, getragen haben. Seitdem die Frau des ehemaligen Premierminister Fabius ausgeplaudert hat, daß ihr Mann zu Hause diese Pantoffeln trägt, sind sie ein Mode-Hit geworden. Es gibt sie jetzt in hellen und bunten Farben zu kaufen, man trägt sie viel und verschenkt sie auch häufig.

6.5 Regenschirme

Madeleine Gély, 218 Bld. Saint-Germain,
7ème arr. Metro: Saint-Germain.
Montags geschlossen.
Eine kleine, vollgestopfte Boutique auf dem Boulevard Saint-Germain-des-Prés mit Schirmen aller Größen und für jede Gelegenheit. Eine enorme Sammlung von Stöcken in denen man alles Mögliche verstecken kann, wie beispielsweise einen Schluck Whisky.

Antoine, 10 avenue de l'Opéra, 1. arr. Metro: Opéra.
Dieses excellente Haus blickt auf drei Jahrhunderte französischer Geschichte zurück. Die Gründer vermieteten im Jahre 1740 die ersten Regenschirme an die Pariser und Pariserinnen, die über die älteste Brücke von Paris, le Pont-Neuf, gingen.
Heute in der Nähe der Oper ansässig, verkauft das Haus Antoine alle Formen und Sorten von Schirmen und auch alte Stöcke.

Le parapluie Manet – der berühmte, schwarze Regenschirm aus Baumwolle von Manet. Diesen schwarzen Schirm tragen auf den Bildern Manets die Pariserinnen, wenn sie auf den Boulevards flanieren.

Als eine Hommage an das berühmte Vorbild wird er jetzt wieder hergestellt und ist erneut in Mode gekommen. Kaufen kann man ihn in dem „Musée des Arts et de la Mode" am Louvre.

6.6 Schöne alte Kurzwarengeschäfte

In Paris gibt es noch kleine, sehr urige Lädchen, manchmal schon 100 Jahre alt, mit einem ausgefallenen Angebot an Kurzwaren und vor allem Knöpfen. Diese originellen Geschäfte sind einen Besuch wert, auch dann, wenn man sich nur dort umsehen will.

Au Gant, d'Or, 118 avenue Victor-Hugo, 16ème arr. Metro: Victor-Hugo.
Die älteste Pariser Boutique für Knöpfe. Sie existiert seit über hundert Jahren.

Lognon, 33 rue Boissy d'Anglas, 8ème arr. Metro: Concorde.
Hierher kommen die Couturiers, um Knöpfe zu kaufen. Teures und ausgefallenes Angebot.

Trousselier, 73 Bld. Haussmann, 8ème arr. Metro: St-Lazare.
In diesem Geschäft und Atelier werden seit hundert Jahren von der Familie Trousselier Seiden- und Stoffblumen hergestellt, die man am Kostüm-Revers trägt. Hier kaufen die großen Couturiers, aber auch viele berühmte Schauspielerinnen. Es gibt schon ein kleines Stück zum Preis von 350 F.

Ultramond, 4 rue de Choiseul, 2. arr. Metro: 4 Septembre.
Knöpfe in modischen Schockfarben. Fluos-Mode.

La boutique des boutons, 110 rue de Rennes,
6ème arr. Metro: Rennes.
8 000 Knöpfe in den bizarrsten Formen und Ausführungen, und alte Stricknadeln und Holzetuis, in denen man sie früher aufhob.

L'Astucerie, 105 rue de Javel, 15ème arr. Metro: Félix-Faure.
Second-hand Geschäft mit großer Auswahl an alten Spitzen. Vorher anrufen: 45 57 94 74.

Paris-Portrait:

Frauenzeitschriften – ein Knüller aus Deutschland

In den letzten 10 Jahren sind 7 neue Frauenzeitschriften in Frankreich auf den Markt gelangt. Im gleichen Zeitraum war die Anzahl der Leserinnen um 10 % zurückgegangen. Im Jahr 1983 hat das Haus „Gruner und Jahr" eine Monatszeitschrift mit dem Namen *Prima* in Frankreich herausgebracht. Innerhalb von wenigen Monaten überschritt die Auflage die Millionengrenze. Kurz darauf erschien die Wochenzeitung *Femmes actuelles* . Heute schlagen die beiden Zeitschriften alle Verkaufsrekorde. Sie werden von mehr als drei Millionen Leserinnen gelesen. Die Zeitschriften gehen so gut in Frankreich, daß Axel Ganz, der deutsche Manager, auch in Deutschland ein *Prima* herausgebracht hat und sich jetzt für den englischen Markt interessiert. Haben Axel Ganz und seine Mannschaft eine Geheimformel für ihren Erfolg?

Hélène Tockay, Chefredakteurin von *Prima*:

„Nein, natürlich nicht. Jetzt, wo wir Erfolg haben, sagen alle, unser Konzept wäre einfach. Jetzt sieht plötzlich jeder ein, daß sich die französischen Frauenzeitschriften nur an jede zweite französische Frau gewandt haben. Zunächst natürlich an die Pariserin, der man ausschließlich raffinierte Pracht und traumhaften Luxus bot, wunderschöne Fotomodelle, exquisite Toiletten, Reisen, die einer Prinzessin, und Rezepte, die eines 3 Sterne-Restaurants würdig gewesen wären. Auf der anderen Seite gab es ein paar praktische Zeitschriften, welche die Frauen aber leider zu sehr auf abstoßende Aufgaben wie stricken, nähen und kochen festlegten. Aber für die berufstätige Frau, die abends Lust zum Stricken hat, sich am Wochenende gerne um ihre Blumen kümmert oder mit der Familie bastelt, die Zeit sparen will, indem sie ihre Garderobe bei einem Versandhaus bestellt, genau an dieser Frau hatten die Hersteller von Frauenzeitschriften vorbeiproduziert. Sie kannten sie wahrscheinlich gar nicht.

Das Schwierigste war, die Moderedakteurin davon zu überzeugen, für diese „alltäglichen" Frauen zu schreiben. Und dann gab es Probleme mit den Photographen. Die dachten, daß es für sie künstlerisch weniger ehrenvoll ist, ein Mannequin wegen des Kleids, das es trägt, zu knipsen. Sie bevorzugten als Motiv die Landschaft, die ganze Inszenierung rund um die Kleider. Außerdem lacht man Ihnen in Paris ins Gesicht, wenn Sie ein Mannequin verlangen, das älter als 25 ist. Unsere vierzigjährigen Mannequins lassen wir aus Deutschland kommen. In Frankreich gibt es sie schlicht und ergreifend nicht.

Dies sind einige der Schwierigkeiten, mit denen *Prima* und *Femmes actuelles* am Anfang zu kämpfen hatten."

7. Die Dessous

Die Boutiquen für feinen Dessous sind fast alle rive droite zu finden. Wie selbstverständlich!

La boîte à bas, 16 avenue Mozart, 16ème arr. Metro: Iena
Eine zwar winzige Boutique, aber mit einer riesigen Auswahl an Strümpfen (8 000 Paare).

Jartelle, 96 rue St. Honoré, 8ème arr. Metro: Concorde
Ein gemütlicher Laden, der ausschließlich Strümpfe und Strumpfhalter bekannter Modemacher plus Unterwäsche verkauft.

Chantal Thomass, 12 Rond-Point des Champs-Elysées, 8ème arr.
Die feinen und teuren Dessous von der Top-Modemacherin, Chantal Thomass.

Alexandre Dubas, 37 avenue V. Hugo, 16ème arr. Metro: Hugo
Das größte und modernste Geschäft in der Hauptstadt. Der Besitzer ist ein Mann, der im Nu die Größe, die Farbe und den Styl der Kundin errät. Mit Computer!

8. „Die Braut war hübsch"

Eine zuverlässige Adresse in Paris: Marcelle Maggy Rouff, 33 rue du Fbg. Poissonnière, 9ème arr. Metro: Bonne-Nouvelle. Ab 2 000 F.

9. Friseur

> **Colette: „Wenn eine Frau sich eine ganz neue Frisur machen läßt, dann hat sich in ihrem Leben etwas Wichtiges verändert":**

Für diejenigen, die schon gerne mit zurechtgestutztem Kopf wieder aus Paris abreisen würden, aber entweder ihren Sprachkenntnissen oder der Schere eines gänzlich Pariserischen Maestro dann doch nicht trauen, hier ein Kompromißvorschlag: Willie.

Willie stammt aus dem Rheinland und ist ausgezogen, in Paris sein Glück zu suchen. Das hat er reichlich gefunden. Gelernt hat er bei dem großen David. Pariser Prominenz gibt Willie durchaus die Ehre. Und dennoch: Wenn zuviel von den schönen Locken zu Boden fällt, kann man in heimatlichem Idiom „Halt, aufhören!" schreien. Ein großer Vorteil!

Willie Hairline, Salon de Coiffure et Institut de Beauté,
30, rue Feydeau, 2. arr. Metro: Bourse.
Tel. 42 36 33 57
10, rue des Pyramides, 1. arr. Metro: Pyramides.
Tel. 42 60 45 59
42 60 63 68

Normalerweise geht die Pariserin zum Friseur um die Ecke. Wenn sie jedoch einen wirklich guten Schnitt will, geht sie z. B. zu:

J. Louis David, 12, rue Bréa, 6ème arr. Metro: Vavin.
Tel. 43 26 14 89
50, rue Pierre Charron, 8ème arr. Metro: F. D. Roosevelt.
Tel. 47 20 90 08

Claude Maxime, rue de l'Abbaye,
6ème arr. Metro: St-Germain-des-Prés.
Tel. 43 29 74 20

Eine Kuriosität: Wenn Sie beim Centre Pompidou sind, machen Sie einen Abstecher zur rue Rambuteau Nr. 61 und werfen Sie einen Blick in den Salon des Coiffeurs Pages. Seine Frisuren sind eher Kunstwerke als Haarschnitte. Jede entworfene Frisur wird auf einer Postkarte verewigt. – Natürlich in Farbe (400 F).

Musée de la coiffure, 11 bis rue Jean-Goujon, 8ème arr.
Tel. 43 59 05 15. Jeden Dienstag- und Freitagnachmittag geöffnet. Sich vorher anmelden. Die private Sammlung des berühmtesten Pariser Friseurs, Alexandre.

VI. Für Feinschmeckerinnen:

Eine schreckliche Vorstellung

Tausende von Bars und Restaurants gibt es in dieser Stadt, aber keine, die speziell Feministinnen zugedacht sind. Warum ist Paris eine Stadt, die sich der Frauenbewegung so sehr verschließt?

Elisabeth Badinter, 46 Jahre alt, die bekannteste Philosophin Frankreichs, die Ende der 70er Jahre die französische Gesellschaft schockierte, als sie behauptete „der sakrosankte mütterliche Instinkt existiert nicht" (die Mutterliebe) antwortet:

„Gott sei Dank ist es so! Die Trennung der Geschlechter ist nicht für uns. Dieser Krieg zwischen den Geschlechtern entspricht nicht dem französischen Temperament. Darin unterscheide ich mich von den deutschen Frauen. Und ich selbst habe auch gar keine Lust, mich in ein Café oder ein Kino zu setzen, wo es nur Frauen gibt. Was für eine schreckliche Vorstellung! Da gibt es zwischen Männern und Frauen in Frankreich durchaus eine Übereinkunft. Ich jedenfalls habe keinerlei Abneigung, neben einem Mann zu sitzen, was nicht heißen soll, daß ich nicht wachsam bleibe...

Ich möchte Ihnen gern eine Frage stellen. Können Sie sich ein Café vorstellen, nur für Schwarze oder für Katholiken? Macht man sich einmal bewußt, was das heißt: irgendwelche Leute auszuschließen? Wegen ihres Geschlechts oder ihrer Religion oder ihrer Rasse. Für mich ist das ein Schrecken!

Elisabeth Badinter hat im Herbst '89 vehement Position gegen das Tragen des Tchadors in den französischen Schulen genommen.

Schlemmen, Teesalons und Restaurants

1. Feinkostgeschäfte und Traiteurs

Hier findet man eine große Auswahl an Leckereien, von Früchten über Gewürze, Konfitüren bis hin zu Wurstwaren und Alkohol.
Bei den *Traiteurs* (von „traiter" – zubereiten) gibt es darüberhinaus noch Fertiggerichte zum Mitnehmen. Ausgezeichnete Küche. Der Erfolg der *Traiteurs* verdankt sich, so behaupten böse Zungen, der Tatsache, daß die Pariserin nicht gerne viel Zeit in der Küche verbringt. Diese Geschäfte, in denen von morgens bis abends die Käuferschlangen ausharren, sind auch sonntags bis 13 Uhr geöffnet.
An der Place de la Madeleine sind eine große Menge von Feinkostgeschäften und *Traiteurs* versammelt, die man ansonsten aber in jedem Viertel findet.

Place de la Madeleine, 8ème arr. Metro: Madeleine.
Dieser Platz gilt als das Zentrum der besten Feinkost-Läden. Man findet unter anderem:

Fauchon
20 000 (!) Delikatessen aus aller Welt. Einer der besten Weinkeller von Paris. Hat 1986 seinen hundertsten Geburtstag gefeiert. In einem luxuriösen Self-Service kann man die vielen hausgemachten Spezialitäten vorkosten!

Hédiard
Noch älter und eine Spur vornehmer als Fauchon. Bei den Touristen etwas weniger bekannt. Im ersten Stock ein Restaurant mit erträglichen Preisen. Ab 8 Uhr (Frühstück etwa 50 F) bis Mitternacht (Abendessen ab 150 F) geöffnet. Geschenk-Tip: Marmeladen-Sortiment mit einer Auswahl von 45 Sorten.

Maison de la Truffe
Nicht nur, aber vor allem die renommierteste Trüffeladresse. Das Kilo kostet allerdings rund 2 000 F. Ausgefallene und etwas snobistische Spezialität des Hauses: Blutwurst mit Trüffeln.

Legrand, 1 rue de la Banque, 2. arr. Metro: Bourse
Abseits vom Touristenstrom in der Nähe der Börse. Schon von der Aufmachung her ein optischer Blickfang. Und der Besitzer kennt herrliche Geschichten aus dem alten Paris.

Izrael, 30 rue François-Miron 4ème arr. Metro: St-Paul.
Völlig zurecht nennt sich der seit fast einem halben Jahrhundert bestehende Laden „épicierie du monde". Tatsächlich findet man dort Produkte aus aller Welt. Allein die atemberaubende Duftmischung im Laden ist einen Besuch wert. Könnte sich gut und gern Gewürzladen der vereinten Nationen nennen.

Boutique Albert Menès, 41 bld. Malesherbes
8ème arr. Metro: Madeleine
Am Sonntag geschlossen. Eine neue Ali-Baba-Boutique für Feinschmecker.

Maison de l'escargot, 79 rue Fondary, 15ème arr. Metro: Emile Zola
Eine bekannte Adresse in Paris für Schneckenesser.

Paris-Portrait:

Schlangestehen – gewußt wie. Und wo!

Das undisziplinierte Verhalten der Pariser im Straßenverkehr ist sprichwörtlich: Das Rot an der Ampel stört weder den Autofahrer noch den Fußgänger. Die einen drücken aufs Gas und fahren trotzdem durch, die anderen kreuzen die Straße, wann immer es ihnen paßt. Dieses chaotische Verhalten stört nicht einmal die Verkehrspolizei sonderlich: Es verwirrt nur ausländische Touristen, die manchmal nicht mehr wissen, wie sie gefahrenlos auf die andere Straßenseite gelangen können.

Umso mehr erstaunt den Ausländer die überraschende Geduld und Disziplin, mit der man in Paris Schlange steht. Schlangen vor den Kinokassen sind jedoch nur eine Notwendigkeit. Es gibt darüberhinaus auch Schlangen, die geradezu wichtig für's persönliche Image sind. Beispielsweise gilt es als äußerst *chic*, vor einem renommierten Feinkostgeschäft Schlange zu stehen oder – auch das gehört zum gehobenen Lebensstil des Parisers – am Sonntagmorgen beim Feinkostladen um die Ecke mit Engelsgeduld ein Sortiment Käse oder zwischen verschiedenen Pasteten auszuwählen, noch schnell eine Lammkeule zu besorgen oder die unentbehrliche gute Flasche Wein mitzunehmen. Um diese Gewohnheit zu zelebrieren, steht man ohne Schimpfen und Murren zwischen den anderen, so als gelte es, eine einmalige Mangelware zu ergattern.

Zu den feinsten Schlangen, die man in Paris finden kann, gehören jene vor den teuersten Feinkostgeschäften der Stadt, auf dem Place de la Madeleine. Ein anderer Geheimtip, um sich einmal eine exclusive Schlange anzusehen: die Bäckerei Poîlane, rue du Cherche-Midi, im 6. arr. Metro: Sèvres-Babylone, die als die beste in Paris für dunkles Brot gilt. Mit schöner Regelmäßigkeit taucht hier auch einmal im Jahr ein Kamera-Team aus der Sowjetunion auf, um zu filmen.

Der Kommentar ist leicht gefunden: Auch in Paris muß man Schlange stehen...

2. Schokolade und feine Bonbons

Der Franzose knabbert zwar längst nicht so oft an einer Tafel Schokolade wie der Deutsche oder der Schweizer, aber vielleicht nirgendwo sonst in der Welt werden so feine Pralinen hergestellt wie gerade in Frankreich. Bei Lenôtre zum Beispiel, einer der allerbesten Adressen, wird man für einen kleinen, mit hausgemachten Pralinen gefüllten Karton leicht einen Hundertmarkschein los. Dabei wird auf den Zusatz von Zucker weitgehend verzichtet. Für die übrigen Zutaten gilt das Prinzip: das Feinste vom Feinen. Der Kakao stammt also aus den besten Lagen der Welt und wenn Vanille verwendet wird, dann muß sie aus Madagaskar kommen.

Der Kenner bevorzugt natürlich Trüffel, die pro Kilo nicht viel weniger kosten als ihr nobles Pilz-Vorbild, und als das Nonplusultra gelten die sogenannten Palets d'Or, eine noch samtigere Trüffel-Abart in carré-Form.

Übrigens: Wer als aufmerksamer Gast einer französischen Familie Eindruck schinden will, beglückt die Dame des Hauses nicht mit einem Blumengebinde, sondern mit einem kleinen Sortiment an Pralinen von Lenôtre oder einer der anderen nachfolgenden aufgeführten Adressen.

Lenôtre, 44 rue du Bac, 7ème arr. Metro: Bac.
49 rue Victor-Hugo, 16ème arr. Metro: Victor-Hugo.

La Marquise de Sévigné, 1 place Victor-Hugo, 16ème arr. Metro: Victor-Hugo, 32 place Madeleine 8ème arr. Metro: Madeleine.

Dalloyau, 99 Fbg. St-Honoré, 8ème arr. Metro: Madeleine.
Der älteste Chocolatier der Stadt, ein über 150 Jahre altes Geschäft.

La Fontaine au chocolat, 193 rue St. Honoré, 1er arr. Metro: Louvre
Die Aristokratie der Schokolade!

Les confiseries – Die Bonbongeschäfte

Eine *confiserie* ist auch nicht unbedingt eine *chocolaterie* – so fein sind da die Unterschiede. Aber es gibt in Paris ein paar wahre Bonbon-Paläste. Und selbst diejenigen, denen der Sinn nicht nach

Naschwerk steht, werden helle Freude an den kunterbunten Zucker- und Frucht-Sortimenten haben, die vor allem für Kinder ein echtes Märchenland sind.

A Notre-Dame des Victoires, 1 rue de la Banque,
2. arr. Metro: Bourse.
Das fast hundert Jahre alte Haus präsentiert die Bonbons in alten Gläsern auf verkupferten Regalen.

Tanrade, 18 rue de Vignon, 9ème arr. Metro: Madeleine.
Das Haus steht unter Denkmalschutz. Hier kauften Balzac und Proust Sirups.

A la Mère de famille, 35 rue du Fbg. Montmartre,
9ème arr. Metro: Montmartre.
Seit 1761 holen hier Generationen von Pariser Bonbons gegen die Grippe. Wunderschöne Ladentische aus Eiche.
Am Montag geschlossen.

Douceurs de France, 70 Bld. de Strasbourg, 10ème arr., Metro: Gare de l'Est
Eine berühmte Boutique aus der Belle-Epoque, mit 120 süßen Spezialitäten.

La Confiserie Saint-Pierre, 33 rue de Chaillot,
16ème arr. Metro: Iéna.
Hier findet man allerlei Bonbon-Spezialitäten aus Frankreich: *bergamotes* aus Nancy, *violettes* aus Toulouse, *pommes* aus Rouen.

3. Käse

Wie soll man, hat der General de Gaulle einmal gestöhnt, ein Land regieren, das 365 Käsesorten besitzt. Tatsächlich sind es noch mehr. Und keiner der vielen Pariser Käseläden hat alle vorrätig. Viel mehr jedoch findet man hier als ins Ausland exportiert werden.

Käse-Restaurants

Pain, Vin, Fromages, 3 rue Geoffroy l'Angevin,
4ème arr. Metro: Halles.
Sonntags geschlossen.
In den Forum des Halles, ein unkonventionelles Restaurant, das für 50 F eine Käseplatte anbietet. Den ganzen Tag geöffnet.

Ferme Saint-Hubert, 21 rue Vignon,
8ème arr. Metro: Havre-Caumartin.
Sonntags geschlossen und montagmittags.
Tel. 47 42 79 20
In dem Lokal meint man, man wäre auf dem Land!

Androuet, 41 rue d'Amsterdam, 8ème arr. Metro: Clichy.
Sonntags geschlossen;
Tel. 48 74 26 93
Das bekannteste Käserestaurant von Paris.

Chez Linda, 2 rue Gervex, 17ème arr. Metro: Péreire.
Die Tochter der Besitzerin ist einer der neuen Stars des französischen
Chansons. Seitdem ist der Käseladen von Mme. Patty noch populärer
als zuvor. Ab 80 F.

Sehr schöne Käseläden

Sie sind meistens sonntags und montags geschlossen; sie bieten
eine unglaublich große Auswahl an Käse. Es lohnt sich reinzu-
schauen.

Tachon, 38 rue de Richelieu, 1. arr. Metro: Bourse.

La Maison du Bon Fromage, 35 rue du Marché-Saint-Honroé,
1. arr. Metro: Pyramides.

Barthélemy, 51 rue de Grenelle, 7ème arr. Metro: Croix-Rouge.

Marie-Cantin, 12 rue du Champ-de-Mars,
7ème arr. Metro: Ecole-Militaire.
Am Sonntagvormittag geöffnet.
Marie-Cantin hat die „Käse-Akademie" gegründet.

La Maison du Fromage, 62 rue de Sèvres,
7ème arr. Metro: Sèvres-Babylone.

Crépel-Brussol, 17 pl. de la Madeleine, 8ème arr. Metro: Madeleine.

Boursault-Vernier, 71 avenue du Général Leclerc,
14ème arr. Metro: Alesia.
Sonntags bis 13 Uhr geöffnet

4. Für Kenner: Überdachte Märkte und Straßenmärkte

Es gibt Leute, die sagen: das Beste, das Aufregendste, das Bunteste überhaupt von Paris. Tatsächlich sind die Märkte von Paris wahre Jahrmärkte. Theaterbühnen manchmal. Die Händler agieren in virtuosem Rollenspiel und das Publikum wird in das Geschehen miteinbezogen. Aber Vorsicht: der Kunde und der penible Besserwisser ziehen allemal den Kürzeren.

Wenn man sich diesen Regeln anpaßt, dann gibt einem der Fleischer zum Lammrücken gleich das passende Rezept mit auf den Weg und der Käsehändler erteilt Ihnen im Schnellkursus Nachhilfe-Unterricht in französischer Käse-Kunde.

Eine Grundregel: Kaufen Sie nicht blind drauflos am erstbesten Stand alles, was Ihnen vor die Augen kommt, nehmen Sie sich vielmehr Zeit zum Überblick. Der zweite Händler hat manchmal das, wovon der erste schwört, Sie fänden es in ganz Paris nicht. Wichtig zu wissen: es gibt komplette Einkaufsstraßen *(rues commerçantes)*, es gibt aber auch mehr als 50 Wandermärkte *(marchés volants)*, die nur an zwei oder drei Wochentagen geöffnet haben – und es gibt schließlich nach dem beklagenswerten, aber unabänderlichen Tod der legendären Hallen noch immer, über die ganze Stadt verteilt, 14 Markthallen *(marchés couverts)*.

Les marchés couverts: Überdachte Märkte

Batignolles, 96 rue Lemercier, 17ème arr. Metro: Place Clichy.
Der größte Markt von Paris nach Rungis. Hierher kommen noch einige ältere Frauen aus dem Val d'Oise, um ihr Gemüse zu verkaufen.

Beauveau, Aligre genannt, zwischen rue Aligre und Cotte, an dem Fbg. St-Antoine, 12ème arr. Metro: Ledru-Rollin.
Sehr bunter, pittoresker Markt mit großer Auswahl an ausländischen Gewürzen und Obstsorten. Am Wochenende installieren sich hier gern auch kleine Trödler.
Er gilt als der exotische Großmarkt der Stadt.

Markthalle St. Quentin (Photo: B. Chanéac)

Saint-Quentin, 85 bis Bld. Magenta, 10ème arr. Metro: Gare de l'Est.
Zwischen Ost- und Nordbahnhof gelegen – also zentraler als Batignolles. Die Eisenkonstruktion erinnert an die Markthallen von Baltard (nur noch zwei in Paris).
Sympatische Bistrots um den Markt.

St. Germain, 3 rue Mabillon, 6ème arr. Metro: Mabillon
Bis Ende 90 soll der alte legendäre Markt St. Germain – dank langem Protest der Bewohner des Viertels – wiederaufgebaut werden. Seine Arkaden stehen unter Denkmalschutz.

Les Enfants Rouges, 39 rue de Bretagne,
3ème arr. Metro: Arts et Métiers.
Dieser fast 200 Jahre alte Markt hat viel Charme.

Straßenmärkte

Joinville, rue de Joinville, 19ème arr. Metro: Crimée
Am Ufer des Kanals Ourcq, ein sehr romantischer Markt.

Poncelet, rue Poncelet, 17ème arr. Metro: Ternes.
Eher ein Geheimtip: Billig, ausgezeichnet sortiert, populär. Keine Touristen!

Point du Jour, place du Président Paul Reynaud, 16ème arr. Metro: Porte de St. Cloud
Am Sonntag besonders interessant, da Schuhe, Kleider und Haushaltswaren verkauft werden. Aufpassen: Im feinen 16ten arr. wird nicht verhandelt.

Grenelle, rue de Lourmel, 15ème arr. Metro: dupleix
Der meist photographierte Markt. Das Nikko-Hotel, wo die japanischen Touristen untergebracht sind, ist nur ein paar Schritte weiter.

Daguerre, rue Daguerre, 14ème arr. Metro: Denfert-Rochereau. Weniger bekannt als die teure Buci und die meist überlaufene Mouffetard, dafür mit fast ausschließlich Pariser Kundschaft.

Straßenmarkt
rue Daguerre
(Photo: B. Chanéac)

Buci, rue Buci, 6ème arr. Metro: Mabillon.
Mitten im stets belebten St-Germain-Viertel. Sehr stark von Touristen besucht.

Mouffetard, rue Mouffetard, 5ème arr. Metro: Monge.
Die Marktstraße schlechthin. Ein Klassiker für Paris-Bummelanten. Steht in jedem Reiseführer.

5. Imbiß und Ausruhen in Teesalons

Es gibt sie wieder – die zur Jahrhundertwende so beliebten Tee-Salons.
Daß ein französisches Café nichts mit einem Wiener Kaffeehaus gemein hat, das läßt sich schnell herausfinden. Der Tee-Salon entspricht wohl noch am ehesten der deutschen und österreichischen Sitte, nach einem Stadtbummel eine Verschnaufspause einzulegen. Bei einer Tasse Kaffee oder Tee oder Kakao und einem Stück Kuchen. Allerdings kann man in einem der neuen Pariser Tee-Salons oft auch salzige Spezialitäten bestellen. Ein Stück Lauchtorte zum Beispiel oder einen herzhaften Salat. Und manche Tee-Salons schenken auch ein Glas Wein aus.
Inzwischen sind die Tee-Salons zur Mittagszeit sehr stark besucht von den Pariserinnen, die aus Zeit-, Geld- und Gewichtsgründen das Restaurant meiden.

1. arr.:

W. H. Smith, 248 rue de Rivoli, Metro: Concorde.
Seit Juli 1989 geschlossen.

Angelina, 226 rue de Rivoli, Metro: Concorde und Tuileries.
Jeden Tag geöffnet von 10 bis 19 Uhr.
Bis 1948 das berühmte Rumpelmayer Café. Heute noch und heute wieder eine Kultstätte der Pariser Schickeria. Wegen Louvrenähe aber auch stark von Touristen frequentiert. Warteschlangen fast obligatorisch. Gehobene Preise. Ab 60 F.

Fanny Tea, 20 place Dauphine, Metro: Pont-Neuf.
Von 13.30 bis 19 Uhr geöffnet; am Montag geschlossen.
Ein Geheimtip, idyllisch gelegen, aber winzig. Im Sommer kann man draußen sitzen.

La Feuillade, 6 rue de la petite Truanderie, Metro: Halles.
Von 12 bis 2 Uhr nachts geöffnet; am Sonntag geschlossen.
Im Hallenviertel. Gediegenes Salon-Dekor. Mittags erhält man auch
ein Tagesmenü.

Rose Thé, 91 rue Saint-Honoré, Metro: Louvre oder Châtelet.
Von 12 bis 19 Uhr geöffnet; samstags und sonntags geschlossen.
Es liegt in einem Innenhof in Nachbarschaft von Antiquitätengeschäften.

2. arr.:

A Priori Thé, 35 Galerie Vivienne, Metro: Bourse.
von 12 bis 19 Uhr geöffnet; am Sonntag geschlossen.
Bevorzugter Treffpunkt der Mode-Branche. Er liegt in einer der schönsten Passagen von Paris.

Pandora, 24 passage Choiseul, Metro: Quatre Septembre.
Von 12 bis 19 Uhr geöffnet; samstags und sonntags geschlossen.
Eine Adresse à la mode. Retro-Stil. Ab 40 F.

Thé au fil, 80 rue Montmartre, Metro: Halles.
Samstags und sonntags geschlossen; Von 12 bis 19 Uhr geöffnet.
Bekannt für seine salzigen Spezialitäten.

Ventilo, 27 rue du Louvre, Metro: Louvre
Von 12 bis 18 Uhr geöffnet.
Im ersten Stock einer Modeboutique.

3ème arr.:

Dattes et noix, 4 rue du Parc-Royal, Metro: Chemin-Vert.
Jeden Tag geöffnet von 11 Uhr bis Mitternacht.
Datteln und Nüsse. Eine Top-Adresse im Marais. Moderne Grafiken.
Spezialität: Schokoladen-Kuchen und Eis.

Les Mille-Feuilles, 2 rue Rambuteau, Metro: Rambuteau.
Von 12 bis 23 Uhr geöffnet. Sonntags und montags geschlossen.
Der Tee-Salon ist an eine Buchhandlung angeschlossen. Angenehme
Atmosphäre.

La Route du Thé et de la Soie, 157 rue Saint-Martin,
Metro: Rambuteau.
Von 11 bis 19 Uhr geöffnet; montags und dienstags geschlossen.
Gegenüber dem Centre Pompidou. Einer chinesischen Tee-Stube
nachempfunden.

4ème arr.:

Eurydice, 10 place des Vosges, Metro: St-Paul oder Chemin-Vert.
Von 12 bis 22 Uhr geöffnet; montags und dienstags geschlossen.
Unter den Arkaden einer der schönsten Plätze von Paris, in der Nähe des Victor-Hugo-Museums. Salat-Spezialitäten. Sonntags Brunch. Im Sommer kann man auf der kleinen Terrasse sitzen.

Le Flore en l'Ile, 4 quai d'Orléans, Metro: Pont-Marie.
Jeden Tag von 11 bis 2 Uhr nachts geöffnet.
Auf der Insel St-Louis am Seineufer. Salat-Spezialitäten.

Le Loir dans la Théière, 3 rue des Rosiers, Metro: St-Paul.
Am Montag geschlossen; geöffnet von 12 bis 19 Uhr und sonntags ab 11 Uhr mit Brunch.
Mitten im jüdischen Viertel. Viel Atmosphäre. Bequeme Leder-Sessel. Vielfältiges und stets frisches Angebot. Spezialität: Zitronentorte.

Dame Tartine, 2 rue Brisemiche, Metro: Rambuteau.
Jeden Tag von 12 bis 22 Uhr geöffnet.

Le jardin de thé, 10 rue Brise-Miche, Metro: Rambuteau.
Jeden Tag von 11 bis 22 Uhr geöffnet.

Sans Ascenceur, 8 rue des Ecouffes, Metro: Saint-Paul.
Jeden Tag geöffnet von 12 bis 24 Uhr.
Samstags und sonntags: Brunch.

Mariage Frères, 30 rue du Bourg Tibourg, Metro: Hotel de Ville
Jeden Tag geöffnet von 11 bis 19 Uhr. 300 Teesorten; Brunch ab 95 F.

Chez Quenn Ann, 5 rue Simon le Franc, Metro: Hotel de Ville
Jeden Tag geöffnet von 12 bis 19 Uhr, außer am Sonntag. Ein kleiner, sehr gemütlicher Raum. Hier wird die beste heiße Schokolade von Paris serviert, wird erzählt.

5ème arr.:

La Fourmi Ailée, 9 rue de Fouarre, Metro: Maubert.
Von 12 bis 19 Uhr geöffnet; dienstags geschlossen.
In einem Haus aus dem 16. Jahrhundert. Angeschlossen an eine von Frauen geführte Buchhandlung. Offener Kamin.

Annick Gendron, 1 rue de la Bûcherie, Metro: Maubert.
Jeden Tag von 12 bis 23 Uhr geöffnet.
Zugleich Restaurant, Tee-Salon und Gemälde-Galerie. Blick auf Notre-Dame.

Le Petit-Châtelet, 39 rue de la Bûcherie, Metro: Maubert.
von 12 bis 14.30 Uhr und 19 bis 23 Uhr geöffnet. Sonntags und montags geschlossen. Ebenfalls Blick auf Notre-Dame. Spezialität: exotische Cocktails.

La Mosquée, 39 rue Geoffroy-Saint-Hilaire,
Metro: Censier-Daubenton.
Jeden Tag von 10 bis 21.30 Uhr geöffnet. Maurischer Stil und orientalische Stimmung. Mosaik-Böden. Anbau an die erste in Frankreich errichtete Moschee. Ab 40 F.

Le Tea Caddy, 14 rue Saint-Julien-Le-Pauvre, Metro: Saint-Michel.
Jeden Tag von 12 bis 19 Uhr geöffnet.
Besteht seit über einem halben Jahrhundert. Englischer Stil. Gegenüber der kleinsten Kirche von Paris.

6ème arr.:

Belusa, 86 rue du Cherche-Midi,
Metro: Vaneau oder Sèvres-Babylone.
Von 12 bis 18 Uhr geöffnet; am Sonntag geschlossen.
Urgemütlich. Zugleich Antiquitätenladen mit viel Porzellannippes. Ganz in der Nähe des Montparnasse.

L'Heure Gourmande, 22 passage Dauphine, Metro: Odéon.
Jeden Tag von 11 bis 24 Uhr geöffnet.
Ein Geheimtip. Schwer zu finden in einer Passage im Herzen von St-Germain.

La Sorbetière, 27 rue Saint-Sulpice, Metro: Saint-Sulpice.
Von 10 bis 19 Uhr geöffnet; sonntags und montags geschlossen. Im Schatten der St-Sulpice-Kirche. Spezialität: Sorbets.

7ème arr.

La Maison des Ecrivains, 53 rue de Verneuil. Metro: Solferino
Jeden Tag geöffnet von 10 bis 22 Uhr. Unmittelbar bei La Maison des Ecrivains, eine offizielle Institution, die seit 1984 Schriftstellern finanziell unterstützt, ist der Tee-Salon der Treffpunkt vieler Schreiber. Warmes Essen. Im Sommer sind die freien Plätze in dem wunderschönen Innenhof rar! Ein Geheimtip.

Un Moment en plus, 1 rue de Varenne, Metro: Varenne.
Von 10 bis 19 Uhr geöffnet; am Samstagvormittag und Sonntag geschlossen.
Winzig klein. Studenten-Treffpunkt.

Ta O'clock, 19 rue Las Cases, Metro: Solférino
Jeden Tag geöffnet von 8 bis 19 Uhr. Ein ruhiger Teesalon.

8ème arr.:

Ladurée 16 rue Royale, Metro: Concorde.
Von 8.30 bis 19 Uhr geöffnet; am Sonntag geschlossen.
Eine der besten Adressen für Croissants. Vornehm-älteres Publikum,
Stil der Jahrhundertwende. Ein Treffpunkt der sogenannten „besse
ren Gesellschaft".

Olsson's 62 rue Pierre Charron, Metro: F.D. Roosevelt.
Jeden Tag geöffnet bis Mitternacht.
In der Nähe der Champs-Elysées. Sehr in Mode und auch sehr beliebt
bei der Mode-Branche.

Au Xavier Gourmand, 89 Bld. de Courcelles, Metro: Villiers
Eine gute Adresse, wenn Sie ein feines Frühstück zu sich nehmen wol
len. Ab 13 F.

Maxim's, 5 rue Royale, Metro: Madeleine.
Jeden Nachmittag geöffnet, außer sonntags.
In einem exquisiten Blumenladen. 38 Sorten Tee (ab 30 F). Zumindest
eine Seh-Adresse.

9ème arr.:

Tea Follies, 6 place de Gustave Toudouze, Metro: St-Georges
Von 11 bis 19 Uhr geöffnet. In diesem Viertel sind die Teesalons noch
rar.

12ème arr.:

Tarte Julie, 129 bld. Diderot, Metro: Nation.
Weitere Adressen in Paris:
8, rue Jolivet, im 14. arr. Metro: Edgar Quinet.
64, rue de l'Annonciation, 16. arr. Metro: Muette-Passy.
Traumhafte Obstkuchen zum Mitnehmen oder auch zum Dort-Verzeh
ren.

18ème arr.:

Lux Bar, 12 rue Lepic, Metro: Blanche
Am Fuß des Montmartre zählt das kleine Etablissement mit seine
Mosaiken an den Wänden zu den schönsten der Stadt. Hauptsächlic
Bewohner der Gegend.

20ème arr.:

La Cerise à la Bouche, 3 rue St-Blaise, Metro: Porte-Montreuil
In der Nähe des Friedhofs Père-Lachaise.
Jeden Tag von 10 bis 19.30 geöffnet. Am Montag geschlossen.

Paris-Portrait:

Mit den Augen einer Deutschen...

Anke de Scitivaux arbeitet seit 18 Jahren beim ZDF in Paris. Sie ist mit einem französischen Fernsehjournalisten verheiratet und Mutter von zwei Kindern.

„Die deutschen Journalisten in Paris arbeiten in gewisser Weise für den Tourismus. Mit all unseren Reportagen regen wir die Deutschen an, nach Paris zu kommen. Wir zeigen ihnen die neue Beleuchtung des Eiffelturms, die neuen Toiletten in den Straßen von Paris, wir stellen das Café Costes vor, das Picasso-Museum, usw. Eine lange Liste. Ich bedaure, daß unsere französischen Kollegen, die Korrespondenten in Deutschland sind, nicht umgekehrt das Gleiche tun. Es gäbe so gewiß weniger Vorurteile über unser Land.

Paris ist für mich die schönste Stadt der Welt. Von seiner Architektur bin ich immer wieder begeistert. Selbst nach 18 Jahren empfinde ich immer noch das gleiche Vergnügen, mit dem Auto – natürlich außerhalb der Stoßzeiten – an den Quais entlangzufahren, unterhalb des Eiffelturms die Seine zu überqueren und bis zum Quartier Latin zu fahren.

Einer Deutschen, die zum ersten Mal nach Paris kommt, würde ich zu einer „Parisrundfahrt" raten. Paris ist eine Stadt, die in hohem Maße durch den Eindruck von Geschlossenheit und Harmonie wirkt. Den bekommt man nur, wenn man einen Überblick über das Ganze hat.

Im August, wenn die Kinder auf dem Land sind, gehen mein Mann und ich gern in ein Straßencafé auf den Champs-Elysées, nach dem wir einen Film aus dem frühen Abendprogramm angeschaut haben. Wir bleiben dann lange auf der Terrasse dort sitzen und sehen uns diesen anderen Film an, der sich vor unseren Augen selbst dreht und der Paris heißt!"

6. Eissalons

Den legendären Ruf der Italiener haben die französischen Eis-Künstler nie erreicht. Aber ein paar Adressen lohnt es doch zu notieren – allen voran natürlich das Familienunternehmen Berthillon auf der „île St-Louis", wo man unter rund 30 Sorten auswählen kann. In vielen sehr guten Restaurants steht häufig auf der Speisekarte „glaces de Berthillon".

Berthillon, 31 rue St-Louis-en-l'Ile 4ème arr. Metro: Pont-Marie.
Montags und dienstags geschlossen.
Von 10 bis 20 Uhr geöffnet.

Tea Caddy, 14 rue Saint-Jul.-le-Pauvre,
5ème arr. Metro: Saint-Michel.
Jeden Tag geöffnet, von 12 bis 19 Uhr.
Ein Intimer Teesalon, von Politikern und
Leuten des *show-biz* stark frequentiert.

La Passion du fruit, 71 qaui de la Tournelle,
5ème arr. Metro: Maubert.
Jeden Tag geöffnet von 11 Uhr bis 2 Uhr nachts.
Im Sommer sitzen immer viele Leute auf der großen Terrasse.

Le bac à glaces, 109 rue du Bac, 7ème arr. Metro: Sèvres-Babylone.
Am Sonntag geschlossen.

Le Berkeley, 7 avenue Matignon, 8ème arr. Metro: F. D. Roosevelt.

7. Restaurants

7.1 Denkmalgeschützte Restaurants

Diese Restaurants sucht man in erster Linie wegen ihrer alten und interessanten Inneneinrichtung und des damit verbundenen besonderen Flairs auf. Das Essen ist von unterschiedlicher Qualität.

Le Train Bleu, 20 bld. Diderot, 12ème arr. Metro: Gare de Lyon.
Tel. 43 43 09 06
Das Restaurant ist so alt wie der Bahnhof, der zur Weltausstellung 1900 gebaut wurde. Hier präsentiert sich noch einmal Licht und Farbe, Gold und Stuck – der ganze Glanz des beginnenden Jahrhunderts. Seinerzeit gestalteten dreißig Maler diesen Raum. Es gilt als das schönste Bahnhofsrestaurant der Welt. Ein Blick hinein lohnt sich, auch wenn man dort nicht essen möchte. Die Küche ist nicht gerade Spitzenklasse. 13/20. Ab 300 F.

Brasserie Drainak, 18 rue Ledru-Rollin,
12ème arr. Metro: La Rappée.
Tel. 43 43 46 07
Diese Brasserie liegt im Bastille-Viertel, das einen enormen Aufschwung nimmt, seitdem dort die neue Oper von Paris entstehen
wird. Es wird vermutet, daß dieses Gebiet demnächst dem Hallenviertel den Rang ablaufen wird. In dieser Brasserie, in der man ein Menü
noch für 60 F essen kann, treffen sich jene Leute, die *„les branchés“*
genannt werden, ein Wort, das in Paris etwa so viel bedeutet wie „in“
sein und am „letzten Schrei“ teilnehmen.

Le Fouquet's, 8ème arr. Metro: George V
Bar und Restaurant der Pariser Schikeria. Das Etablissement steht
seit kurzem unter Denkmalschutz.

Café Procope, 13 rue de l'Ancienne Comédie,
6ème arr. Metro: Odeon.
Tel. 43 26 99 20
Das älteste Café von Paris – und der Welt, so heißt es – das heute
noch geöffnet ist. Das Haus stammt aus dem Jahr 1686. Traditionelle
Küche mit vertretbaren Preisen. Hier sollen schon Voltaire, Diderot,
Robespierre, Bonaparte und George Sand gesessen haben.

Le Café de la Paix, place de l'Opéra, 2. arr. Metro: Opéra.
Tel. 47 42 97 02
Die Touristen sitzen gern in der verglasten Veranda. Besonders schön
ist das Dekor jedoch in den Innenräumen, die im Stil der Zeit von
Napoleon III. ausgestattet sind. 15/20. Ab 400 F.

Le Grand Véfour, 17 rue de Beaujolais, 1. arr. Metro: Bourse.
Tel. 42 96 52 27
In der Nähe des Palais Royal 1784 gebaut. Dort war über Jahrhunderte der Mittelunkt des Pariser Lebens. Mit einer wunderschönen
Glaskuppel die man zum Teil von draußen sehen kann. Gilt heute noch
als eines der schönsten Restaurants.
16/20

Maxim's, 3 rue Royale, 8ème arr. Metro: Madeleine.
Tel. 42 65 27 94
Enstanden aus einem fast hundert Jahre alten Eisladen. Nach der
Umwandlung in ein Restaurant wurde es von dem berühmten Glas-
künstler Gallé aus Nancy umgestaltet. Der berühmte Modemacher
Cardin kaufte es vor einigen Jahren und ließ es von dem Pariser Innen-
dekorateur Pothier naturgetreu restaurieren. Hier speist die Creme
von Paris.
16/20

DER TIP

Das billigste in einem Pariser Restaurant ist das Brot. Ebenso wie (meist kohlensäurefreies) Wasser zählt Weißbrot zur kostenlosen Beigabe zu allen Gängen bei einer Mahlzeit. Von der Vorspeise bis zum Käse. Lediglich zur Suppe (!) ißt der Franzose kein Brot. Ebenso selbstverständlich wird die **carafe d'eau** zum Essen gereicht. Wer statt dem weithin verabreichten Leitungswasser Markenartikel bevorzugt, bestelle eine der üblichen Sorten (Vittel, Evian, Vichy, Contrexéville etc.). Anders als in Deutschland ist kohlensäurehaltiges Wasser weniger beliebt, aber überall erhältlich (Liter o. halbe Liter – Badoit, Perrier).

„Gault Millau"-Punkte

Seit vielen Jahren werden Restaurants in Frankreich benotet. Zunächst im Michelin-Führer, dann – neben anderen Führern – auch im „Gault et Millau", der die jeweiligen Gaststätten nach einem Punkte-System benotet. In der Regel: 12 Punkte empfehlen einen Besuch, 14 Punkte einen Umweg, 16 Punkte eine Reise. – 20 Punkte sind die beste Note! Bei einigen Restaurants geben wir die Bewertung durch die Meisterfeinschmecker an.

7.2 Restaurants mit sehenswertem Innen-Dekor

Die folgenden Restaurants, in denen man gut ißt, wurden in den ersten Jahrzehnten dieses Jahrhunderts ausgestattet und vermitteln noch heute die Atmosphäre jener Jahre.

Beauvilliers, 52 rue Lamarck, 18ème arr. Metro: Lamarck.
Tel. 42 54 54 42. Am Montagmittag und Sonntag geschlossen.
Ein Haus am Hang von Montmartre, aus dem Jahr 1880. Da es mit einem üppigen Blumendekor ausgestattet ist, nennt man es auch „*musée de la fleur*". Der Besitzer schmückt sein Restaurant zusätzlich mit frischen Blumen, die er sich jährlich ein kleines Vermögen kosten läßt. Das Wandbild im großen Salon zeigt den Rußland-Feldzug Napoleons, im Mühlenzimmer kann man die Protraits der letzten Müller bewundern. Hier gibt es eines der besten Menüs in Paris. Mittags um die Hälfte billiger.
17/20

Bistrot de la Gare, 59 bld Montparnasse,
14ème arr. Metro: Montparnasse/Bienvenüe.
Tel. 45 48 38 01
Gegenüber dem Bahnhof Montparnasse. Mit einem frisch restaurierten Dekor aus der Zeit um 1900. Bis 1 Uhr nachts geöffnet. Hier bekommt man ein „formule Express" – ein kleines, schnelles Menu für 40 F.
10/20

Lucas-Carton, 9 place de la Madeleine, 8ème arr. Metro: Madeleine.
Tel. 42 65 22 90
Seit der Koch-Star Senderens in Besitz des Lucas-Carton ist, eines der schönsten Restaurants der Stadt, gehört das Haus am Place Madeleine zu den Top-Adressen eines Feinschmeckers mit dickem Geldbeutel.
19,5/20. Ab 800 F.

La Fermette Marboeuf, 5 rue Marboeuf,
8ème arr. Metro: F.D. Roosevelt
Tel. 47 20 63 53
In der Nähe des Champs-Elysées. In der rue Marboeuf findet man dicht nebeneinander die meisten Restaurants von Paris. Im Lokal kann man einen schönen Wintergarten aus der Zeit um die Jahrhundertwende bewundern.
14/20. Ab 200 F.

Au Pied de Cochon, 6 rue Coquillière, 1. arr. Metro: Halles.
Tel. 42 36 11 75
Tags und nachts auf! Eines der wenigen Lokale in Paris, das rund um die Uhr geöffnet ist. Hierher kommen die Nachschwärmer nach dem Theater oder Kino. In drei Etagen findet sich ein phantastisches Dekor, mit Spiegeln, und Fresken, das üppige Motive mit Engeln, Obst und Blumen-Stilleben darstellen.
12/20

L' Escargot Montorgueil, 38 rue Montorgueil, 1. arr. Metro: Halles. Tel. 42 36 83 51

Hier wurde eine ehemalige Poststation des 18. Jhdt. zum Restaurant umgestaltet. Das Dekor stammt aus der Zeit der Restauration. Spezialität sind Schnecken. Hier bekommt man auch Champagner in Karaffen. Beliebt beim weiblichen Publikum.

13/20. Ab 350 F.

Pharamound, 24 rue de la Grande Truanderie, 1. arr. Metro: Halles. Tel. 42 33 06 72

Keramik-Dekor aus der Zeit um die Jahrhundertwende.

14/20

7.3 Terrassenrestaurants

Kaum daß sich die ersten Sonnenstrahlen sehen lassen werden in Paris die Stühle in Cafés und Restaurants vor die Tür gestellt – ungeachtet dessen, daß rundum Verkehrslärm tost und man mitten in den Abgasen sitzt.

Hier ein paar Adressen von Restaurants, bei denen man auf der Terrasse im Freien sitzen kann – allerdings weit weg von Autolärm und Abgasgestank.

Es empfiehlt sich jedoch, beizeiten einen Tisch zu reservieren.

1. arr.

Muscade, 36 rue Montpensier (im Garten vom Palais-Royal) Metro: Palais-Royal.

Tel. 42 97 51 36

Jeden Tag geöffnet; nachmittags Teesalon.

Schöne Sitzplätze in dem noch ruhigen Palais-Royal. Hier verkehren die Schauspieler der Comédie-Française und ältere Damen. Nicht ganz billig!

La Terrasse Fleurie, 3 rue de Castiglione (im Hof des Hotels Inter-Continental) Metro: Concorde.

Tel. 42 60 37 80

Jeden Tag geöffnet bis 23 Uhr.

Viel Platz in dem hübschen Hof-Garten eines der berühmtesten Hotels von Paris.

Zum Mittagessen muß man mit etwa 250 F rechnen; abends kostet es ab 300 F. Nachmittags Teesalon mit Musik.

5ème arr.

La Passion du Fruit, 71 Quai de la Tournelle, Metro: Maubert.
Jeden Tag geöffnet von 11 bis 2 Uhr nachts.
Viel Platz auf der riesigen Terrasse des Lokals, das ein paar Schritte entfernt vom Haus des Präsidenten Mitterand und ein paar Meter von Notre-Dame liegt. Spezialisiert auf alles, was man aus Obst macht: Sorbet, Salat und Säfte.

6ème arr.

La Petite Cour, 8 rur Mabillon, Metro: Mabillon.
Tel. 43 26 52 26
Sonntags und montags geschlossen.
In dem kleinen Hof wird eine sehr gute Küche angeboten.
14/20

7ème arr.

Récamier, 4 rue Récamier, Metro: Sèvres-Babylone.
Sonntags geschlossen.
In dieser ruhigen Sackgasse kommen gerne die Verleger und Abgeordneten zum Essen.

8ème arr.

Hinter den Fassaden vieler Hotels findet man wunderschöne Hof-Gärten; die Preise sind etwas hoch, aber die Küche wird meistens sehr gut benotet von den verschiedenen Restaurantkritikern. Hier ein paar Adressen:

Les Ambassadeurs (Hotel Crillon), 10 place de la Concorde; Le Bonaventure, 35 rue Jean-Goujon; Prince de Galles, 33 av. Georges V.
Im Garten der Champs-Elysées, hinter dem Pavillon Laurent (41 avenue Gabriel) findet man die superbe Terrasse von Laurent.

9ème arr.

Le Square, 6 square de l'Opéra-Louis-Jouvet,
Metro: Havre-Caumartin.
Am Sonntag geschlossen.
Es gilt als sehr chic, hier bei schönem Wetter zu essen. Treffpunkt vieler Pariser *show-biz*-Leute. Ab 180 F.

12ème arr.

Paris-Plaisance, am Port-de-Plaisance de l'Arsenal, Metro: Bastille
Tel. 43 42 56 30
Jeden Tag geöffnet, ab April, bis 23 Uhr.
Im Sommer wird das „Paris-Plaisance", ein ultramodernes Haus in dem Pariser Hafen für Vergnügungsdampfer, stark besucht. Vor allem von jungen Männern, die gerne in der Sonne sitzen.
Die Küche gilt nicht als besonders. Ab 120 F.

15ème arr.

Morot-Gaudry, 8 rue de la Cavalerie, Metro: Motte-Picquet.
Tel. 45 67 06 85
Samstags und sonntags geschlossen. Man sitzt auf einer Terrasse, im 8. Stock, mit wunderschönem Blick auf den Eiffel-Turm.
Sehr gute Küche.

16ème arr.

Le Totem, place du Trocadéro, vor dem Musée de l'Homme.
Metro: Trocadéro.
Jeden Tag geöffnet bis 22 Uhr. Keine besondere Küche (Tagesgericht 55 F), aber ein wunderschöner Blick auf den Trocadéro, der bis zum Eiffel-Turm reicht.
Im Bois de Boulogne gibt es eine Reihe von Restaurants, die auf Grund ihrer einmaligen Lage, kaum ist die Sonne da, stark besucht sind.
Im Pré Catalan wird eine der besten Küchen von Paris serviert.
Tel. 45 24 55 58. Wenn Sie mit Kindern unterwegs sind, ist „Le Relais du Bois" sehr zu empfehlen: die Rechnung ist um einige Francs billiger, man sitzt nicht so lange am Tisch und man kann um die Ecke Fahrräder mieten.

7.4 Wo gibt's Meeresfrüchte?

Crustacés-Restaurants sind Restaurants, die sich auf Meerestiere spezialisiert haben. Man bekommt diese *crustacés* in Paris während des ganzen Jahres frisch von der See.

La Marée, 1 rue Daru, 8ème arr. Metro: Courcelles. Tel. 42 27 59 32
Der einzige Spezialist am rechten Seineufer, er gehört zu den besten in Paris.
Samstags und sonntags geschlossen. Geöffnet bis 22.30 Uhr.

Les Arêtes, 165 Bld. Montparnasse, 6ème arr. Metro: Vavin.
Tel. 43 26 23 98
Drinnen hat man den Eindruck, in einem Schiff zu sitzen.
Jeden Tag geöffnet bis 2 Uhr nachts.
13/20. Ab 250 F.

La Bar à huitres – Die Austern-Bar, 112 Bld. Montparnasse,
14ème arr. Metro: Vavin. Tel. 43 20 71 01
Von Mittag bis 1 Uhr nachts geöffnet; an der Bar kann man auf die
schnelle ein Sortiment von Meeresfrüchten essen.

Le Dôme, 108 Bld. Montparnasse, 14ème arr. Metro: Vavin.
Tel. 43 54 53 61
Erst vor kurzem von dem bekannten Designer Slavik restauriert. Das
Restaurant ist gegenwärtig sehr in Mode in Paris. Auf der verglasten
Veranda kan man auf die schnelle ein Sortiment-Crustacés essen.
Montags geschlossen.
13/20. Ab 350 F.

Le Duc, 243 Bld. Montparnasse, 14ème arr. Metro: Vavin.
Tel. 43 20 96 30
Samstags, sonntags und montags geschlossen.
Es wird nach 22.30 Uhr nicht mehr serviert. Das Dekor ist sehr restau-
rationsbedürftig, aber das Essen gilt als hervorragend.
17/20

Aux Iles Marquises, 15 rue de la Gaieté, 14ème arr.
Metro: Edgar-Quinet. Tel. 43 20 93 58
Fast gegenüber vom ehemaligen berühmten „Bobino", dem Chan-
son-Theater, heute WHIZ umbenannt, gilt dieses Restaurant noch als
Geheimtip.
Sonntags geschlossen.

7.5 Le Pot-au-feu

Das französische Essen überhaupt. Vor allem auf dem Land, wo man
sich noch aus dem eigenen Garten bedienen kann. Topf-auf-dem-
Feuer heißt es wörtlich und stundenlang sollen kräftige Rindfleisch-
Stücke mit vielerlei Gemüse auf dem Herd vor sich hinköcheln. Die
herzhafte Bouillon wird meist als Vorspeise gereicht. Leider findet
man in viel zu wenigen Restaurants einen guten pot-au-feu auf der
Speisekarte. Auf ein paar einschlägige Adressen stößt man aber auch
in Paris:

Le Roi du Pot-au-feu, 34 rue Vignon, 9ème arr. Metro: Madeleine.
Tel. 47 42 37 10
Am Sonntag geschlossen; geöffnet von 12 bis 21 Uhr.
Ein sympathisches Bistrot in der Nähe der Grands Magasins. Der Chef José bietet einen vorzüglichen Pot-au-feu für etwa 65 F an.

Chez Léon, 32 rue Legendre, 17ème arr. Metro: Villiers.
Tel. 42 27 08 82
Samstags und sonntags geschlossen.
Ein echtes französisches Bistrot, wo bis 21 Uhr ein guter Pot-au-feu serviert wird und einige Spezialitäten aus Lyon.

Gérard, 4 rue du Mail, 2ème arr. Metro: Sentier.
Tel. 42 96 24 36
Am Sonntag geschlossen.
Hier wird – sagt man – der mondänste Pot-au-feu von Paris serviert, denn Schauspieler und Schriftsteller kommen gern hierher. Preis: ab 75 F.

Die Köchin mit der Baskenmütze: Lulu   *(Photo: B. Baxter)*

Paris-Portrait:

Die Meisterköchin mit der Baskenmütze.

„Lucienne Rousseau, Sie sind 41 Jahre alt. Vor 7 Jahren machten Sie ein kleines Restaurant L' Assiette in einer ehemaligen Metzgerei auf, in einer unbekannten Straße im Montparnasse-Viertel. Auf Anhieb gaben Ihnen die Herren Gault et Millau 12 Punkte. Heute sind Sie schon bei 14 Punkten. Wenn man bei ‚Lulu' essen will, muß man unbedingt vorher reservieren. Was ist das Rezept Ihres Erfolgs?"

„Mein Rezept ist einfach: die Kunden sollen sich bei mir frei fühlen. Sehen Sie, als sie mir sagten, daß Sie nichts trinken wollten, habe ich nicht insistiert. Die Leute wissen schon, ob sie was möchten oder nicht. Ein gutes Beispiel dazu: Ich habe meinen Monsieur, 62. Er kommt jeden Mittag, bestellt einen Hauptgang für 56 F, dazu kommt ein Café. Das macht insgesamt 65 F. Eine Karaffe Leitungswasser bekommt er dazu. Zu mir kommt man nicht, um viel zu konsumieren. Es ist der Grund warum ich kein Menü anbiete. Ich bin dagegen. Nur mit einer Ausnahme, das *Menu-dégustation* bei den ganz großen Restaurants, mit 2 oder 3 Sternen. Das kann ich nur empfehlen. Der Genuß ist einfach himmlisch! Das Menü ist so aufgebaut, daß jede Speise mehr und mehr die Zunge anregt. Der Höhepunkt kommt mit der Nachspeise, man fällt zu Boden vor Genuß …"

„Bleiben wir doch bei Nachspeisen. Bei Ihnen spielen sie eine kleinere Rolle, vor allem die ‚Pâtisserie', also die Torten, der Kuchen. Warum?"

„Die Pâtisserie ist ein Symbol. Jeder hat in seinen Nasenflügeln den Duft der Apfeltorte einer Großmutter. Die Pâtisserie ist ein sicheres Mittel zur Verführung, vor allem der Männer. Meine Kundschaft besteht zwar zu 80 % aus Männern – vor allem am Mittag – aber ich mag sie nicht verführen. Mir ist lieber, man kommt zu mir, weil ich beispielsweise keinen Ziegenkäse in der kalten Jahreszeit anbiete, obwohl mein Käselieferant mich ständig dazu drängt."

„Bleiben wir doch bei der *séduction* (Verführung). Nicht nur, daß Sie kaum etwas Süßes servieren, darüber hinaus vermitteln Sie den Eindruck, auf Ihr äußeres Bild zu pfeifen. Sie tragen feste, ländliche Schuhe, eine graue Hose, darüber eine dunkle Schürze und auf dem Kopf eine schwarze Baskenmütze …"

„Die Baskenmütze, die trage ich von Kind an. Wir wohnten in den Pyrenäen gegenüber einer Baskenmützenfabrik. Ohne meine Mütze kann ich nicht leben. Und wissen sie, das Mondäne ist nicht meine Sache (*mon truc*)."

Lulu fängt an zu lachen, und sie flüstert mir ins Ohr: „Sie kommen alle von der eleganten ‚rive droite'." Wir lachen beide.

7.6 Restaurants, wo Frauen am Herd stehen

Bei diesen Lokalen muß man den Tisch vorbestellen, bei **La Vieille** sogar vier bis fünf Tage vorher.

Chez Toi ou Moi, 8 rue du Marché-Ordener,
18ème arr. Metro: Guy-Moquet.
Tel. 42 29 58 24.
Jeden Tag geöffnet. Bietet ein Tagesgericht für 100 F. Der Raum ist wie ein Antiquitätenladen eingerichtet.
14/20

Olympe, 8 rue Nicolas-Charlet, 15ème arr. Metro: Pasteur.
Olympe: Die zur Zeit bekannteste Frau am Herd. Die Zeitschrift Gault Millau gibt ihr die Note 18/20. In ihrem eleganten Restaurant (Art-deco-Stil) serviert sie eine allerdings nicht ganz billige Küche.
(ca. 400 F)

Le Moulin de beurre, 162 bld. du Montparnasse, 14ème arr.
Metro: Montparnasse.
Wenn Sie die Küche der französischen Provinzen kennenlernen wollen, dann ist das freundliche Restaurant von Michèle Cluzeau eine gute Adresse. Es bietet 6 regionale Menüs an. Ab 150 F mit einer halben Flasche Wein.

L'Assiette, 181 rue du Chateau, 14ème arr. Metro: Alésia.
Tel. 43 22 64 86
Jeden Tag geöffnet außer am Samstagmittag und Montag.
Ein winziges Restaurant in einer ehemaligen Metzgerei am Montparnasse. Mit Original-Dekor. Die Besitzerin Lulu kocht selbst. Bietet eine hervorragende *nouvelle cuisine* an. Ihr Markenzeichen ist die schwarze Baskenmütze, die sie nie ablegt. Sie spricht gern mit ihren Gästen. Hierher kommen viele Journalisten.
Preis ab 180 F. 13/20.

Au Feu Follet, 5 rue Raymond-Losserand, 14ème arr. Metro: Pernety.
Tel. 43 22 65 72
Nur zum Abendessen geöffnet, außer sonntags.
Ein winziger Raum, in dem ein gutes, aber einfaches Essen serviert wird, zum Preis von rund 50 F. Im Montparnasse-Viertel gelegen.
12/20

Le Pistou, 5 Bld. de Port Royal, 13ème arr. Metro: Gobelin
Tel. 47 07 27 57. Samstagmittag und Sonntag geschlossen. Die Köchin Fernande ist auch Mitglied der ARC. Ihre Küche ist eine Familienküche im besten Sinne. Menü ab 90 F. Das Poulet Henri IV ist der Bestseller auf ihrer Karte.

*Früher Schauspielerin,
jetzt Köchin:
Nathalie Nattier in
ihrem Restaurant „Le
Boeuf Bourguignon"
(Photo: B. Baxter)*

Le Boeuf Bourguignon, 21 rue de Douai, 9ème arr. Metro: Clichy.
Tel. 42 82 08 79
Am Sonntag geschlossen.
Die Köchin, zugleich die Besitzerin, ist eine ehemalige Schauspielerin. Nathalie Nattier heißt sie; sie spielte mit Yves Montand in dem Film „Portes de la nuit" von Marcel Carné.
Die Wände des Lokals sind voll von Kinopostern aus den 50er Jahren. Sie bietet eine solide traditionelle französische Küche, wie *boeuf bourguignon, pot-au-feu, ragout de mouton*. Mit 100 F rechnen.

TY COZ, 35 rue St. Georges, 9ème arr.
Tel. 48 78 42 95
Am Sonntag geschlossen.
Spezialitäten: Meeresfrüchte. Menü ab 200 F. Die Köchin, Jacqueline, gründete vor knapp 10 Jahren die ARC, die *Association des Restauratrices et Cuisinières*, die unter anderem beweisen will, daß Frauen auch etwas vom Kochhandwerk verstehen.

Les Pavés de Tiquetonne, 17 rue Tiquetonne, 2. arr.
Tel. 42 36 18 93
Am Sonntag geschlossen; bis kurz nach Mitternacht werden noch Bestellungen für Menüs angenommen. Noch ein Geheimtip im Hallenviertel; ab 150 F bekommt man ein Menü.
Die 37jährige Denise, Köchin und Besitzerin des Lokals, ist ein ehemaliges Skript-Girl.

Chez la Vieille, 37 rue de l'Arbre-Sec, 1. arr. Metro: Louvre.
Tel. 42 60 15 78
Nur zum Mittagesssen geöffnet; am Montag und Dienstag geschlossen.
Bei der früheren Fernsehköchin Adrienne Biasin finden sich renommierte Pariser Köche ein, wenn sie selbst einmal gut auswärts essen wollen. Sie bietet eine traditionelle Küche, zu Preisen ab 200 F.

7.7 Mittagessen in einem Antiquitätengeschäft

Es gibt Antiquitätengeschäfte, in denen man auch essen kann, und zwar entweder ein Menü (etwa ab 50 F) oder andere Kleinigkeiten.

L' Antiquaire, 33 rue Guénégaud, 6ème arr. Metro: Odéon.
Jeden Tag auf, (außer Sonntag) bis Mitternacht.
Man sitzt hier inmitten eines antiken und sehr teuren Interieurs.
Alles ist zu kaufen!

Leonora, 27 rue de Vaugirard, 6ème arr. Metro: Saint-Placide.
Am Sonntag geschlossen.
Ganz in der Nähe des Jardin du Luxembourg.
Hierher kommen die Senatoren zum Essen. Das Antiquitätenangebot besteht aus alten Gemälden und altem Schmuck. Nachmittags wird das Restaurant zum Tee-Salon.

Le Potiron, 16 rue du Roule, 1. arr. Metro: Louvre.
Am Montag und Dienstag geschlossen.
Mit schönen Gemälden an der Wand. Bevorzugter Platz für Frauen, die hier ihr Mittagsmenü einnehmen.

7.8 Restaurants „à la mode"
1. arr.

Le Potager des Halles, 15 rue du Cygne, Metro: Etienne-Marcel.
Tel. 42 96 83 30
Jeden Tag geöffnet, bis 2 Uhr nachts.
Häufig Gäste aus der Film- und Modebranche.

Le Louchébem, 31 rue Berger, Metro: Halles.
Le Louchébem ist ein populäres Wort für Metzger. Das Lokal erinnert an die Zeit der alten Hallen. Das Fleisch ist von bester Qualität.
Ab 100 F. Abends: letzte Bestellung um 1 Uhr.

2ème arr.

Chorus Café, 23 rue St. Marc, Metro: Montmartre
Tel. 42 96 81 00
Der Besitzer Guy Mardel hat das Metier gewechselt. In den sechziger Jahren stand er noch in der Hitparade („n'avoue jamais"), heute steht er am Tresen eines Restaurants à la mode.
Am Sonntag geschlossen.

Géopoly, 161 rue Montmartre, Metro: Montmartre
Tel. 42 33 77 62
Jeden Tag geöffnet von 12 bis 2 Uhr nachts. Am Sonntag nur bis 17 Uhr. Sieben Küchenchefs betreuen Speisekarten aus sieben Städten in vier Kontinenten. Eine gastronomische Rundreise quer durch die Welt.

Kraft Café, 62 rue Tiquetonne. Metro: E. Marcel
Jeden Tag geöffnet von 10 bis 2 Uhr nachts. Chike, junge Leute verkehren hier. Am Wochenende: Brunch.

4ème arr.

Pacific Palissades, 51, rue Quincampoix, Metro: Rambuteau.
Tel. 42 71 85 20
Jeden Abend von 19 bis 2 Uhr nachts geöffnet.

La Mousson, 9 rue de la Bastille, Metro: Bastille.
Tel. 42 71 85 20
Top-Adresse im sehr modischen Bastille-Viertel. Küche mit leicht exotischem Einschlag. Junges Publikum.
10/20. Ab 200 F. Nur abends geöffnet.

La Brise-Miche, 10 rue Brisemiche, Metro: Hôtel de Ville.
Tel. 42 78 44 11
Jeden Tag bis 1 Uhr nachts geöffnet.
Gegenüber vom Centre Pompidou. Abends Lieblingsadresse der jungen Modemacher (Mugler, Montana etc.)

6ème arr.

Cinnamon, 30 rue Saint-Sulpice, Metro: Saint-Sulpice.
Tel. 43 26 53 33
Am Sonntag geschlossen.
Treffpunkt der Senatoren und der Buchverleger aus dem St. Germain-Viertel. Abends: Piano-Bar.

Guy, 6 rue Mabillon, Metro: Saint-Sulpice.
Tel. 43 54 87 61
Die brasilianische Adresse in Paris. Sehr in Mode.

La Closerie des Lilas, 171 Bld. du Montparnasse, Metro: Vavin.
Tel. 43 26 70 50
Jeden Tag geöffnet bis 1.30 Uhr nachts.
Restaurant teuer, aber Bar empfehlenswert. Eine der klassischen literarischen Adressen in Paris. Früher saßen hier Hemingway, Lenin, Trotzky; heute Stammlokal von Jean-Edern-Hallier, Philippe Sollers. Abends kommen hierher gern Frauen, um an der Bar eine Kleinigkeit zu essen.
10/20

8ème arr.

L' Espace, 1 avenue Gabriel, Metro: Concorde.
Tel. 42 66 11 70
Samstag und Sonntagmittag geschlossen.
Die vielleicht prominenteste „Kantine" von Paris. Herrlicher Blick auf
die Grünanlagen an den Champs-Elysées. Sonntags: Brunch.
Ab 150 F.

Le Boeuf sur le Toit, 34 rue du Colisée,
Metro: Saint-Philippe-du Roule.
Tel. 43 59 83 80
Das Künstler-Restaurant der 30er Jahre. Jetzt originalgetreu restau-
riert. Gepflegte Brasserie-Küche. Sehr in Mode.

9ème arr.

Le Square, 6 square de l'Opéra-Louis-Jouvet, Metro: Havre-Caumar-
tin.
Tel. 47 42 78 50
Am Samstagmittag und Sonntag geschlossen.
An der Oper. Viele Sänger und Schauspieler unter der Kundschaft.

12ème arr.

Caviar et Compagny, 5 rue de Reuilly, Metro: Reuilly.
Tel. 43 56 13 98
Dekor aus den 30er Jahren. „Show-Biz".

14ème arr.

Natacha, 17 bis rue Campagne-Premiere, Metro: Raspail.
Tel. 43 20 79 27
Bis 1 Uhr nachts geöffnet; am Sonntag geschlossen.
In einer Seitenstraße des Montparnasse. Junges, oft alternatives
Publikum.
11/20. Ab 200 F.

15ème arr.

Le Jules Verne, 2. Etage des Eiffelturms,
Metro: Bir Hakeim oder Grenelle.
Tel. 45 55 61 44
Dekor des Mode-Designers Slavik. Phantastischer Blick über Paris
von der zweiten Etage des Eiffelturms. Preise allerdings ebenso phan-
tastisch. Nur für sehr dicke Brieftaschen zu empfehlen.
16/20. Ab 600 F.

17ème arr.

Le Pré Carré, 3 avenue Mac-Mahon, Metro: Etoile.
Tel. 46 22 57 35
Ein paar Schritte vom Triumphbogen entfernt. Viel Show-Biz.
14/20

Le Manoir de Paris, rue Pierre Demours, Metro: Péreire.
Tel. 45 72 25 25
Am Samstag und Sonntag geschlossen.
Ein Geheimtip der Gastronomie-Kritiker.
17/20

7.9 Vegetarische und makrobiotische Restaurants

1ème arr.

Country life, 6 rue Daunou, Metro: Opéra
Von Montag bis Freitag geöffnet, ab 11.30 Uhr bis 14.30 Uhr Self-Service. Ab 50 F.

4ème arr.

L'Aquarius, 54 rue St-Croix de la Bretonnerie, Metro: Hôtel de Ville.
Tel. 48 87 48 71
Samstagabends und sonntags geschlossen.
Das Restaurant einer Sekte, les Rose-Croix, aber wie bei Krishna versucht man hier nicht, die Kundschaft zu bekehren. Gute Küche, nicht teuer. Tagesgericht für etwa 30 F.

Piccolo Teatro, 6 rue des Ecouffes, Metro: Saint-Paul.
Tel. 42 72 17 79
Jeden Tag geöffnet.
Ein ganz altes vegetarisches Lokal mit netter Einrichtung, statt Stühlen auch Betten, auf denen man mittags auch sein Nickerchen machen kann. Den ganzen Nachmittag geöffnet als Teesalon mit hervorragendem Schokoladenkuchen.

Tripti-Kulai, 2 place du Marché Sainte-Catherine. Metro: Saint-Paul.
Sonntags geschlossen.
Das Lokal gehört der Sekte Sri Chinmoy; Essen ohne Bekehrungs-Versuche, Rahmen eines Tee-Salons. Nur Mittagessen mit Tagesgericht ab 35 F jeden Freitag wird ein indisches Essen angeboten. Das kleine Restaurant liegt auf einem der schönsten Plätze von Paris.

5ème arr.

Le Jardin des Pâtes, 4 rue Lacépède, Metro: Monge.
Tel 43 31 50 71
Montags geschlossen.
Ein biologisches Restaurant hinter dem Pantheon, das vor allem für seine Nudeln aus verschiedenen, biologischen Mehlen bekannt ist. Dazu große Auswahl an biologischem Bier. Preis: zwischen 35 F und 60 F.

6ème arr.

GUEN MAI, 2 bis rue de l'Abbaye, Metro: Saint-Germain-des-Prés.
Tel. 43 36 03 24
Sonntags zu; nur zum Mittagessen geöffnet.
Das sehr kleine makrobiotische Restaurant ist das älteste von Paris. Es gilt als eines der besten, mit einer Küche mit japanischen Einflüßen. Hier ist *„plat du jour"*, also das Tagesgericht sehr zu empfehlen. Gegen 15 Uhr bekommt man noch etwas zu essen.

7ème arr.

Le Jardin, 100 rue du Bac, Metro: Sevres-Babylone.
Tel. 42 22 81 56
Sonntags geschlossen.
Ein wunderschöner Rahmen, mit vielen Pflanzen, und eine sehr gute makrobiotische Küche. Auch eine gute Adresse für den Abend: 100 F mit einer halben Flasche Wein.

11ème arr.

La Galerie Huit, 8 rue de Rochebrune, Metro: St-Abroise.
Tel. 47 00 62 44
Sonntags zu.
Eine excellente makrobiotische Küche. Ein japanisches Ehepaar kocht und bietet eine große Auswahl an biologischen Weinen und Säften. Für ein ganzes Menü muß man etwa mit 100 F rechnen. Eine gute japanische Boutique nebendran.

13ème arr.

Le Bol en Bois, 35 rue Pascal, Metro: Gobelins.
Tel. 47 07 07 01
Sonntags zu.
Große Holztische, rustikales makrobiotisches Essen, mit japanischem Einfluß. Nebendran findet man eine der besten japanischen Boutiquen von Paris. In dem Lokal darf nicht geraucht werden.

15ème arr.

Tapovan, 9 rue Gutenberg. Metro: Javel
Ein „Bio-Restaurant", von einem Inder geführt, früher Beamte bei der Unesco. Eine gute Adresse in Paris! Ab 45 F.

17ème arr.

Joy in Food, 2 rue Truffaut, Metro: Brochant.
Tel. 43 87 96 79
Mittwochs und donnerstags geschlossen.
Eine leichte Küche aus Getreiden und Gemüsen. Tagesgericht ab 25 F. Hier ißt man die besten Spätzle von Paris, die Torten gelten als sehr gut.

Le Yamato, 38 rue Nollet, Metro: Fourche.
Tel. 43 87 05 41
Nur zum Mittagessen geöffnet.
Ein Klassiker der makrobiotischer Küche. Leider immer sehr voll. Das Tagesgericht kostet etwa 25 F; für diesen Preis muß man selbst seinen Tisch decken

18ème arr.

Naturalia, 107 rue Caulaincourt, Metro: Lamarck.
Tel 42 62 33 68
Sonntags geschlossen; nur zum Mittagessen geöffnet.
Eine sehr gute vegetarische Küche, üppig.
Für ein komplettes Menü muß man mit 80 F rechnen.

Diätetisches Restaurant

Les Cyprès, 40 rue des Dames, 17ème arr. Metro: Rome.
Tel. 43 87 86 19
Die Besitzerin ist eine junge Frau, die neben dem Diät-Menü auch ein normales Tagesgericht anbietet.
Preis: etwa 45 F mit Wein.

7.10 Café- und Bistro-Restaurants

Hierher kommen die Pariser, um ihr Mittags-Menü einzunehmen. Das Publikum kommt aus den umliegenden Büros und Geschäften. Pariserisches Milieu. Hierher gelangen in der Regel keine Touristen. Es wird meistens nur ein Tages-Menü angeboten zu einem vertretbaren Preis. In der Regel haben diese kleinen Restaurants, die ganz auf die Berufstätigen der Umgebung ausgerichtet sind, am Samstag und Sonntag geschlossen.
Hier werden keine Tische reserviert. Diese kleinen Lokale schließen gewöhnlich gegen 23 Uhr.

1. arr.

Le Rubis, 10 rue du Marché-St-Honoré, Metro: Pyramides.
Am Samstag und Sonntag zu.
Man ißt an einfachen Plastiktischen. Morgens findet man hier die Verkäufer vom Markt, mittags die reichen Juweliere vom Place Vendôme, abends lassen sich hier Japaner zum Essen nieder.

Le chien qui fume, 33 rue du Pont-Neuf, Metro: Pont-Neuf.
Dieses Lokal im Hallenviertel steht unter Denkmalschutz.

Chez Pauline, 5 rue Villedo, Metro: Pyramides
In diesem Bistro im Stil der 20er Jahre wird eine Gourmet-Küche serviert.

2ème arr.

Entre Deux Verres, 48 rue St-Anne, Metro: 4 Septembre.
Samstag und Sonntag zu.
Die Spezialität ist eine große Auswahl an Bordeaux-Weinen. Hier essen hauptsächlich die Angestellten der umliegenden Banken.

Gallopin, 40 rue Notre Dame des Victoires. Metro: Bourse
Samstag und Sonntag geschlossen. Die Weinbar der Börse. Hier ist Champagner ein gewöhnliches Getränk. Um die Börse gibt es viele wunderschöne Hotels aus dem 18. Jahrhundert. Führungen finden statt (48.87.24.14).

„Madame de Sévigné", ein Bistro   *(Photo: B. Chanéac)*

Le Jeroboam, 8 rue Monsigny, Metro: 4 Septembre.
Samstag und Sonntag zu.
Hier trifft man viele Frauen nach einem Bummel durch die rue des Petit Champs und der naheliegenden Passagen.

4ème arr.

Temps des Cerises, 31 rue de la Ceriseraie, Metro: Bastille
Winziges, hübsches Lokal im Marais-Viertel. Tagesmenü ist mit Kreide an die Wand geschrieben.

Madame de Sévigné, 5 rue de Sévigné, Metro: Saint-Paul.
Klein und gemütlich. Die rot-weiß karierten Tischdecken vermitteln eine ländliche Atmosphäre.

5ème arr.

Aux Charpentiers, 10 rue Mabillon, Metro: Mabillon.
Es ist das Stammrestaurant der Zimmerleute. Daneben kann man auch ein Museum besuchen, in dem die Zimmerleute ihre Wanderjahre dokumentiert haben. Die Qualität des Essens liegt über dem Schnitt. (Preis 55 F)

Le Café Parisien, 15 rue d'Assas, Metro: Saint-Placide.
Gut und nicht teuer. Auf einer Tafel werden drei Menüs angeboten, zum Durchschnittspreis von 80 F. Hierher kommen die Studentinnen der Alliance Française. Ab 17 Uhr fungiert das Restaurant nur noch als Tee-Salon.

Le Petit Maure, 26 rue de Seine, Metro: Odéon.
Kleines Restaurant, das unter Denkmalschutz steht.

6ème arr.

L'Enfance de Lard, 21 rue Guisarde. Metro: Mabillon
Am Sonntagmittag und Montag geschlossen. Im Rez de Chaussée eines der ältesten Häuser von Paris. Menü ab 56 F.

7ème arr.

Chez Germaine, 30 rue Pierre-Leroux, Metro: Vaneau.
Samstagabend und Sonntag zu.
Rauchen ist hier verboten. Man muß Schlange stehen, um hier essen zu können, und muß selbst seine Menü-Rechnung machen. Das Essen kostet 40 F.

„Casa Miguel", das billigste Restaurant von Paris(Photo: B. Chanéau)

9ème arr.

Casa Miguel, 48 rue St-Georges, Metro: Notre-Dame-de-Lorette.
Sonntags abend geschlossen.
Das billigste Restaurant in Paris. Das Menü kostet 5 F. Die Besitzerin,
die Spanierin Miguel, ist durch Fernsehfilme inzwischen bekannt
geworden.

Les Caves Drouot, 8 rue Drouot, Metro: Le Peletier.
Hier speisen die Antiquitätenhändler und die Besucher des Auktions-
hauses Drouot.

11ème arr.

Clown Bar, 114 rue Amelot, Metro: Filles du Calvaire.
Gegenüber dem Cirque d'Hiver. Zur Inneneinrichtung gehört eine
Keramik aus dem 19. Jahrhundert, auf der Clowns-Gesichter darge-
stellt sind. An den Wänden Fotos berühmter Clowns. Hier trifft sich
das Cirkusvolk zum Essen.

14ème arr.

Wajda, 10 rue de la Grande Chaumiere, Metro: Vavin.
Samstag und Sonntag geschlossen.
Mitten im Montparnasse. Zur Kundschaft zählen vor allem Maler und
Bildhauer, die noch nicht zu den Erfolgreichen gehören. 40 F kostet
das Menü.

16ème arr.

Le Bouchon Lyonnais, 62 rue Pergolèse, Metro: Argentine.
Samstag und Sonntag geschlossen.
Bouchon nennt man ein Bistro, wie man es vor allem in Lyon findet, in
dem man rustikal essen kann. Das Tagesgericht kostet etwa 60 F.

18ème arr.

Le Bateau-Lavoir, 8 rue Garreau, Metro: Abbesses.
Jeden Tag geöffnet, bis 22 Uhr.
Als Picasso noch in der Nähe wohnte und arbeitete, wäre er sicher
gern hierher zum Essen gekommen. Eine gute Adresse für Leute, die
nicht in den Lokalen auf Montmartre essen wollen. 70 F kostet das
Menü.

20ème arr. (in der Nähe des Père-Lachaise)

Le Boeuf gros sel, 120 rue des Grands Champs, Metro: Maraîchers.
Samstag und Sonntag geschlossen.
Ein ganz einfaches Bistro mit rustikalem Essen für etwa 100 F.

Louis Valy, 49 rue Orfila, Metro: Gambetta.
Nur zum Mittagessen auf; am Sonntag geschlossen.
Eines jener heute seltenen Lokale, die früher auch noch Holzkohle aus
der Auvergne verkauften.

7.11 Die Wine-Bars

Wein-Bars sind neueren Datums in Paris und können etwa als die
etwas anspruchsvollere Weiterentwicklung der Bistros gelten. Die
Besitzer sind gute Weinkenner, die das ausgewählte Angebot auch
glasweise anbieten. Im Unterschied zu den herkömmlichen Bistros,
wo man meist nur recht einfache Weine glasweise bekommt. Die meisten öffnen gegen 12 Uhr und haben bis etwa 1 Uhr nachts auf. Hierher kommen die Pariser nach dem Kino und nach dem Theater, um
noch eine Kleinigkeit zu essen und ein gutes Glas Wein zu trinken.
Hier werden keine Tische reserviert.

1. arr.

Gourmet's, 26 place Dauphine, Metro: Pont-Neuf.
Am Montag zu; geöffnet ab 12 Uhr bis Mitternacht.
Eine große Auswahl hervorragender Weine, skandinavische Küche,
beispielsweise geräucherter Fisch. Sehr moderne Inneneinrichtung.
Ab 10 F pro Glas Wein.

Au Petitou, 17 place Dauphine, Metro: Pont-Neuf.
Klein und gemütlich, stark frequentiert vom Personal des Justizge-
bäudes.

Willi's Wine Bar, 13 rue des Petits-Champs, Metro: Bourse.
Am Sonntag und Samstag geschlossen; von 11 Uhr bis 22 Uhr geöffnet.

Obwohl die Bar von einem Engländer, von Mark Williamson geführt
wird, ist das Weinangebot vorzüglich. Eine typisch britische, eher
rustikale Inneneinrichtung. Einfache Küche. Willi's Wine Bar ist gegenwärtig „in" in Paris. Hierher kommen viele Frauen, die mit der Mode zu
tun haben.

L'Ecluse
Ab 12 Uhr geöffnet bis 1.30 Uhr nachts.
Es gibt 3 Ecluses in Paris: 15 quai des Grands-Augustins im 6. arr; 64,
rue François 1er und 15, place de la Madeleine, im 8. arr. Die beiden
letzten haben am Sonntag auf.
Bekannt aber teuer. BCBG-Kundschaft.

Die Wine-Bar „Mélac"
(Photo: B. Chanéac)

Aux Bons Crus, 7 rue des Petits-Champs, Metro: Bourse
Samstag und Sonntag geschlossen. In einer der sympathischsten
Straßen von Paris, zieht diese Wein-Bar viele Leute um die Mittagszeit
an.

4ème arr.

Le Franc-Pinot, 1 quai de Bourbon, Metro: Pont-Marie.
Sonntags und montags geschlossen.
Das frühere Bistro konnte bereits auf eine 300jährige Tradition als
Weinkeller zurückblicken. Ursprüngliches Dekor, zweistöckig. Am
Tage sieht man hier Verleger, Journalisten und Schriftsteller. Abends
stark von Japanern frequentiert – möglicherweise auch wegen der
originellen alten Inneneinrichtung. Die Weinbar wurde schon des öfte-
ren als Film-Kulisse genutzt. Das Glas Wein ab 10 F.

6ème arr.

Le Petit Bacchus, 13 rue du Cherche-Midi, Metro: Sèvres-Babylone.
Gegenüber dem bekanntesten Pariser Brotgeschäft Poilane eine
angenehme kleine Weinbar mit nicht zu hohen Preisen.

Le Sauvignon, 80 rue des St-Pères, Metro: St-Germain-des-Prés.
Ein altes, in eine Weinbar umgewandeltes Bistro. Treffpunkt der Antiquitätenhändler, Verleger und des Personals aus verschiedenen Ministerien. Hier kann man gutes Brot, Schinken und Wurst essen.

Le Bougnat, 15 rue Séguier, Metro: Odéon.
Früher eines jener kleinen Bistros, in denen auch Holzkohle verkauft
wurde. Das Dekor entpricht dem eines Eßzimmers Ende des 19. Jahrhunderts. Hier kann man sogar ein Menü essen.

7ème arr.

La Rivaldiere, 1 rue St-Simon, Metro: Bac.
Samstags und sonntags geschlossen.
Diese Weinbar gilt derzeit als das Nonplusultra-Lokal, vor allem für die
Männer aus den benachbarten Ministerien. Die Besitzerinnen sind
zwei Schwestern.

8ème arr.

Blue Fox, 25 rue Royale, Metro: Madeleine.
Am Samstag abend und sonntags geschlossen, ab 11 Uhr geöffnet.
In der charmanten Sackgasse cité Berryer, wo vormittags ein hübscher Blumenmarkt aufgebaut wird, hat der Schüler von Mark Williamson, (Willi's Weinbar) eine eigene Weinbar eröffnet. Zwei Stockwerke. Aufgrund seiner günstigen Lage gegenwärtig in Mode.

Les Domaines, 56 rue des Champs-Elysées, Metro: George V.
Am 8 Uhr geöffnet bis 1 Uhr nachts.
Dies ist die einzige Weinbar auf dem Champs-Elysées. Sie ist von morgens um 8 bis 1 Uhr nachts geöffnet. Das hochmodische Innendekor hat der Top-Designer Philippe Starck ganz in Grau gestaltet. Zum Mittagessen gibt es zwei Menüs: Ein „Menü parisien" für 35 F und für 89 F ein „Menü champagne". Wie immer, wenn Starck Räume ausgestaltet hat, lohnt es sich auch, einen Blick in die Toiletten zu werfen.

11ème arr.

Jacques Mélac, 42 rue Léon Frot, Metro: Charonne.
Sonntags und montags geschlossen. Geöffnet von 9 Uhr bis 19 Uhr, dienstags und donnerstags bis 22 Uhr. Der Patron Jacques Melac, der auch im Fernsehen gelegentlich über Weine plaudert, führt diese Weinbar. Rustikal eingerichtet. Ein junges, dynamisches Publikum. Fast noch ein Geheimtip.

La Galoche d'Aurillac, 14 rue de la Lappe, Metro: Bastille.
Sonntags und montags zu; ab 10 Uhr morgens geöffnet bis 20 Uhr abends.
In dieser Straße haben sich in den 30er Jahren vor allem die Leute aus der Auvergne niedergelassen. Hier befindet sich auch noch ein Akordeon-Musette-Ball, d.h. hier kann man jeden Nachmittag und auch abends zu Akordeon-Klängen tanzen. In der Weinbar gibt es eine große Auswahl an Holzschuhen, die an den Holzbalken des Raumes befestigt sind. Ein buntgemischtes Publikum, volkstümliche Atmosphäre.
Ein Blick lohnt in zwei Antiquitätengeschäfte in dieser Straße, die sich auf Möblierung alter Bars spezialisiert haben: Nr. 3 mit Schwerpunkt Anno 1900 und Nr. 26 mit den Tendenzen der 50er Jahre.

12ème arr.

Le Limonaire, 88 rue de Charenton, Metro: Ledvu-Rollin.
Noch alte Fenster aus den 30er Jahren. Hier kann man auch ein Menü essen. Mittwoch und Donnerstag: **Flamenco-Abende**, der neue Trend in Paris.

18ème arr.

Aux Négociants, 27 rue Lambert, Metro: Chateau-Rouge
Ein Geheimtip noch. Tolle Auswahl an Weinen.

7.12 Schöne Brasserien

Als Erfinder der Brasserien gilt der Elsässer Lippmann, der 1880 nach Paris kam. Merkmal dieser Brasserien sind schöne Faïence-Dekors, die um die Jahrhundertwende entstanden sind. Sie sind in Paris sehr stark besucht.

Brasserie Bofinger, 5 rue de la Bastille, 4ème arr. Metro: Bastille.
Tel. 42 72 87 82
Eine der ältesten Brasserien von Paris mit einem Dekor aus den 20er Jahren. Hier treffen sich viele Politiker. Es ist bis 2 Uhr nachts geöffnet und bekannt für seine Auswahl an *crustacés* – das sind Platten mit verschiedenen Meeresfrüchten.
13/20

Die folgenden vier Brasserien befinden sich alle im Besitz eines Elsässers, Herrn Bücher. Wer hier einen Platz finden will, muß vorher reservieren lassen. Die Brasserien haben bis 1 Uhr nachts auf, d.h. daß hierher die Leute nach dem Theater oder Kino kommen.

Vaudeville, 29 rue Vivienne, 2. arr. Metro: Bourse.
Tel. 42 33 39 31
Dekor 1930
12/20

Flo, 7 cour des Petites-Ecuries, 10ème arr. Metro: Château-d'Eau.
Tel. 47 70 13 59
Dekor 1900
12/20

Julien, 16 rue du Fbg. St-Denis,
10ème arr. Metro: Strasbourg-St-Denis.
Tel. 47 70 12 06
Dekor 1890
12/20

Terminus Nord, 23 rue de Dunkerque,
10ème arr. Metro: Gare du Nord.
Tel. 42 85 05 15
Hier bekommt man das ganze Jahr Meeresfrüchte.
13/20

7.13 Chinesische Küche

Es gibt in Paris kaum ein Land, das nicht durch seine Küche vertreten ist. Man kann afrikanisch essen, sowohl Spezialitäten aus dem Maghreb wie aus Mali, man kann auch die Küche aus Südamerika, oder von den Antillen und dem kontinentalen Asien kennenlernen.
Der Pluspunkt dieser verschiedenen Küchen besteht darin, daß sie fast ausschließlich von Einheimischen gemacht werden, die nach Frankreich als Emigranten gekommen sind.
Eine dieser Küchen wird von den Parisern immer mehr wahrgenommen, es ist die sogenannte chinesische Küche, mit all ihren Varianten.
Angeboten wird sie vor allem in mehreren kleinen Restaurants in dem China-Viertel von Paris, auch Chinatown genannt. Es ist im 13. arr. in der Nähe vom Place d'Italie. Die Lokale sind jeden Tag geöffnet, machen abends schon sehr früh auf, gegen 18.30 Uhr. Die Preise sind angenehm, die Portionen sehr groß und in das Viertel kommt man sehr leicht mit der Metro 7, Station Porte de Choisy oder mit dem PC-Bus, Station Porte de Choisy.

Achtung: Nur gut besuchte Lokale bieten eine feine Küche! Ein Geheimtip: Tai Tai, 128 rue de Tolbiac (am Donnerstag geschlossen). Sie steigen an der Metro Porte de Choisy oder Tolbiac aus.

VII. Clubs-Femmes: Frauentreffs

Die eiserne Faust: Die französische Galanterie

„Die französische Sprache kennt tatsächlich für Männer und Menschen nur das einzige Wort ‚Homme'. Sie, Benoite Groulte, sie gelten als die Simone de Beauvoir der achtziger Jahre. Und nach ihrer Meinung ist die Französin bei weitem nicht die empanzipierteste in Europa."

„Französinnen sind zahlreich im Beruf. Und das ist gut so. Aber sie glauben, Emanzipation höre damit auf. Und ich fürchte, die Emanzipation geht seit Ende der 70er Jahre in Frankreich zurück. Tatsächlich bilden die Französinnen das Schlußlicht. Es gibt weniger Frauen im Parlament und in der Regierung. In der Regierung Rocard kommt auf 32 Männer eine Frau. Schrecklich!

Heute gibt es in Frankreich keine feministischen Zeitungen mehr. Nach dem ‚Jahr der Frau' ist die letzte eingestellt worden. Selbst unsere Ministerin für Frauenrechte vermeidet inzwischen dieses Wort.

Das also ist das Ergebnis der vielzitierten ‚französischen Galanterie'. Die Frauen lassen sich einlullen und glauben an den Charme der Männer. Aber hinter diesem französischen Charme verbirgt sich eine eiserne Faust."

Benoite Groulte ist die Bestsellerautorin von „Salz auf der Haut".

Dem Feminismus fehlt in Frankreich seit dem Tod von Simone de Beauvoir die große Leitfigur. Die zwei bekanntesten Frauentreffs sind längst keine geschlossene Gesellschaft mehr. Inzwischen sind das Katmandou und La Champmeslé sogar für Männer offen!

Frauenbars

Katmandou, 21 rue du Vieux-Colombier,
6ème arr. Metro: Saint-Sulpice.
Tel. 45 48 12 96
Jeden Abend ab 23 Uhr geöffnet.
Die Pariser Bar für Frauen. Sie gilt als „intellomondän".
Getränk ab 80 F.

La Champmeslé, 4 rue Chabanais, 2ème arr. Metro: Bourse.
Tel. 42 96 85 20
Jeden Tag geöffnet, von 18 bis 2 Uhr morgens. Am Sonntag geschlossen.
Am Donnerstagabend wird die Bar zum Cabaret: Frauen singen Lieder von Piaf, Véronique Sanson, Barbara. Man bekommt auch eine Kleinigkeit zu essen.
Getränk ab 15 F.

Frauencabarets

Chez Mouna, 54 rue de Pigalle, 9ème arr. Metro: Pigalle.
Jeden Tag geöffnet von 22 Uhr bis in den Morgen.
Striptease von Frauen für Frauen. Sonntagnachmittag: Tanztee.

New Monocle, 60 Bld. Edgar Quinet, 14ème arr. Metro: E. Quinet.
Jeden Tag geöffnet, außer Sonntag, ab 23 Uhr. Tel. 43 20 81 12.
Tanzpartys für Frauen.

Am Tage

Am Tage treffen sich die Pariser Feministinnen in den beiden Teesalons der zwei folgenden Frauenbuchhandlungen:

La Fourmi Ailée, 8 rue de Fouarre, 5ème arr.
Metro: Maubert-Mutualité.
Jeden Tag geöffnet, außer Dienstag, von 12 bis 19 Uhr.

Paris-Portrait:

Tag für Tag, Claude Sarraute

Es gibt Leute, die Frankreichs angesehenste Tageszeitung „Le Monde" vor allem deshalb kaufen, um zunächst die letzte Seite aufzuschlagen. Dort hat seit jetzt schon sechs Jahren eine Kolumne ihren festen Platz, deren Autorin Tag für Tag Claude Sarraute ist. Sie ist inzwischen 60 Jahre alt und inzwischen eine Instituion des Nobelblattes.

„Kein Thema ist mir vorgegeben", sagt sie „und es gibt für mich kein Tabu. Oft schreibe ich über politische Themen, manchmal aber auch über die Sorgen meiner Freundinnen oder irgendetwas, das mir auf meinen Reisen aufgefallen ist. Nach einem Aufenthalt in Berlin zum Beispiel konnte ich mir nicht verkneifen, meine Meinung über die deutschen Frauen zu sagen, die ich für emanzipierter als die Französinnen halte. Die Deutsche hat ihren Weg klarer vorgezeichnet, ihre Beziehungen zu den Männern sind weiter entwickelt. Manchmal meine ich, die Französin ruhe sich etwas auf den Lorbeeren aus, die sie sich gegen Ende der sechziger Jahre erworben hat. Der Mann ist für sie noch immer jemand, dem es zu gefallen gilt ... Andererseits bin ich in Frankreich sehr zufrieden mit der Rolle, die die Frau im politischen Leben spielt. Es gibt eine Anzahl von Frauen, die Fäden in der Hand halten. Glücklicherweise sind das keine Alibi-Frauen."

Paris ist für Claude Sarraute „die tollste Stadt der Welt". Aus drei Gründen vor allem: „die Klamotten, das gute Essen und das Kino. Wo sonst kann man so viele Filme, auch in der Originalversion, sehen?"

Noch ein Geheimnis für den Erfolg der Claude Sarraute: ihr Stil ist überaus persönlich und sehr lebendig gehalten. Ein deutlicher Kontrast zur eher nüchtern-akademischen Sprache des Monde.

La Barcarosse, 58 rue de la Roquette, 11ème arr. Metro: Bastille. Am Sonntag und Montag geschlossen. Geöffnet von 12 bis 19 Uhr.

MIEL

MIEL, die Bewegung der Pariser Lesbierinnen, organisiert jeden Freitag und Samstag von 18 bis 22 Uhr Treffen. Sie finden in der **Cafeteria der Maison des Femmes** (L'Hydromel, 8 cité Prost, 11ème arr. Metro: Charonne) statt. Tel. 43 48 24 91.

C.C.L.

Eine zweite Bewegung (Centre du Christ Liberateur).
Als Schwerpunkt folgende Themen: Die Frau und Politik, Religion so wie Militarismus. Arbeitsessen am ersten Samstag im Monat um 20 Uhr. Tel. 42 26 01 07 (erst ab 18 Uhr anrufen).

Centre Simone de Beauvoir, 29 rue du Colisée, 8ème arr.
Metro: Georges V.
Tel. 42 25 17 75
Die feministische Videothek der Stadt, finanziell unterstützt von Centre National du Cinema und Ministerium für Frauenfragen. Die Direktorin Syn Guérin unterstützt vor allem Filmprojekte von Frauen über Frauen.

Archives Lesbiennes, 48 rue Sedaine, 11ème arr. Metro: Bréguet-Sabin, Tel. 48 05 25 89
Eine hervorragende Dokumentation.

VIII. Paris by night

Über kaum ein Thema sind so viele Lügen und Halbwahrheiten verbreitet worden wie über das Pariser Nachtleben. Dabei reicht die Bandbreite des Angebotes von den speziell für Touristen aus dem Ausland und der tiefen französischen Provinz arrangierten Standard-Shows im Moulin Rouge oder den Folies Bergères bis zu den kostspieligen Champagner- und Whiskytreffs elitärer Prominentenzirkel bei *Régine* oder *Castel*, zu denen man nur mit entsprechenden Referenzen Zugang findet. Dazwischen liegt eine hundertfache Vielzahl von Alternativen, die – je nach Anspruch oder Geldbeutel – empfehlenswert oder akzeptabel sind. Die folgenden Tips müssen sich auf eine subjektive Auswahl beschränken.

Wer sich für Oper oder Theater interessiert, sollte auf die bereits vorgestellten, wöchentlich erscheinenden Veranstaltungskalender *Pariscope* und *l'Officiel* zurückgreifen. (Siehe Seite 66!)

Zurück ins Hotel nach 21 Uhr, als Frau allein, ist nicht ohne Probleme: das Taxi kommt nicht, die Metro kann gefährlich sein. Einen Rat: Fahren Sie mit dem Bus.

Alle diese Buslinien fahren bis 0.30 Uhr.

Jede Nacht von 1.30 bis 5.30 Uhr fahren alle Stunde 10 Busse ab Châtelet bis weit draußen.

Die Insel der Schickeria: île de la Jatte

Früher die Insel der Schrotthändler, der Möbellager und der Gartenlokale. Später ein Treffpunkt der 68er Generation und heute ein bevorzugtes Viertel für gutverdienende Architekten. Auch für Bars und Cafés chic und in Mode. Das bekannteste ist das Café de la Jatte (60 Bld. Vital-Bouhot, Neuilly-sur-Seine), der jüngste Treffpunkt der Schickeria.

1. Aficionados

Der jüngste Trend kommt aus Spanien. Tapas (kleine Vorspeisen) sind „in", die Musik der Zigeuner aus der Camargue taucht in den Hitparaden auf, Flamenco-Abende sind aktuell und die Modemacher entwerfen Modelle, die an alte Zigeunertrachten erinnern.

Aficionados nennen sich die Anhänger der neuen Welle: sie sind zahlreich unter den Frauen.

La Movida, 12 – 14 rue Marie Stuart, 2ème arr.
Jeden Tag geöffnet von 20 bis 2 Uhr.
Bar und Restaurant in einem Keller. Der spanische Besitzer serviert Paellas plus Flamenco. Corridas auf Vidéo.

Tapas Nocturnes, 17 rue de Lappe, 11ème arr. Metro: Bastille
Jeden Tag geöffnet von 20 bis 2 Uhr nachts.
Die „spanische Adresse" zur Zeit in Paris. In der Nähe der Bastille.
Tapas, Jerez, Flamenco.

Distrito, 49 rue Berger, 1er arr. Metro: Halles
Das Rendezvous der Aficionados, rive droite, im Hallenviertel. Restaurant im ersten Stock (200 F), Flamenco-Konzerte bis Mitternacht, jeden Abend, im Keller.

El Barrio, 43 rue de Lappe, 11ème arr.
Jeden Tag außer Mittwoch geöffnet, von 18 bis 2 Uhr nachts. Eine neue Adresse im Bastille-Viertel. Diesmal steht eine Frau an der Bar und mixt Getränke, die nicht die 35 F überschreiten.

2. Spectacles: Theater – Konzerte

Aller au spectacle

Unter diesem Ausdruck *„aller au spectacle"* verstehen die Pariser sowohl einen Besuch im Theater, als in der Oper oder in einer Musichall. Der Ausdruck wird auch verwendet für einen Abend mit den Pop-Stars Jean-Jacques Goldman oder Jacques Higelin im Zenith. Mit *„spectacle"* ist alles gemeint, außer Kino und Restaurants.

Kiosque Théâtre, 15 place de la Madeleine,
8ème arr. Metro: Madeleine.
In Paris ist es quasi unmöglich, eine Karte für den gleichen Abend
oder sogar die nächsten Tage zu bekommen.
Seit drei Jahren gibt es auf dem Place de la Madeleine einen sogenannten Theaterkiosk, der ab 12.30 Uhr Spectacles-Karten für den
gleichen Abend verkauft. Wenn man Glück hat, bekommt man eine
Karte für das gewünschte Stück, sonst muß man sich mit einem anderen Stück begnügen. Dafür sind die Preise um die Hälfte billiger.
Der Kiosque schließt um 20 Uhr (Sonntags um 16.30 Uhr).

S. O. S. Théâtres, 73 av. des Champs-Elysées,
8ème arr. Metro: George V.
Tel. 42 25 67 07
Mit viel Glück bekommt man hier die gewünschte Karte.

Opéra de Paris, 8 rue Scribe, 1. arr. Metro: Opéra.
Tel. 47 42 57 50
Manchmal geht es Opernhäusern wie den Menschen. Mit zunehmen-
dem Alter müssen sie jüngeren Platz machen. So erhält die prächtige
Oper im Herzen der Stadt künftig Konkurrenz durch die Oper de la
Bastille, eine Art Volksoper. Die von Garnier erbaute Oper im Zentrum
von Paris, die nun ausschließlich dem Ballett gewidmet ist, wird aber
auch in Zukunft einen Besuch wert sein. Allein wegen des großartigen
Deckengemäldes von Chagall.

Théâtre de la Bastille, 16 rue de la Roquette,
11ème arr. Metro: Bastille.
Tel. 43 57 42 14
Nicht weit weg vom Place Bastille, inmitten des Viertels Bastille, wo
seit 10 Jahren immer mehr Pariser Künstler sich installieren, gilt das
Théâtre de la Bastille zur Zeit als das avantgardistische Theater der
Hauptstadt. Tanz, Musik, Choreographie und Mode gehören zur
Bühne. Zum ersten Mal arbeiten Choreographen und Modemacher
zusammen!

„Le Kiosque-Théâtre"   (Photo: B. Baxter)

Andere interessante Theater

Cartoucherie, route du Champ-de-Manoeuvres, 12ème arr.
Metro: Chateau de Vincennes, dann Autobus 112.
Tel. 43 74 24 08
Das **Théatre du soleil** (Sonnentheater) wurde von der berühmten
Ariane Mnouchkine gegründet. Ende der sechziger Jahre machte es
sich einen Namen durch das Musical „1789". Noch heute gelten die
Neuaufführungen als weithin beachtetes Theaterereignis. Die Vorstel-
lungen beginnen meist schon um 18.30 Uhr.

Théatre des Amandiers, 7 avenue Pablo Picasso, Nanterre.
Tel. 47 21 18 81
Das Theater von Patrice Chéreau. Wechselweise Theater, Film, Dich-
terlesungen, Diskussionsabende.

La Chanson française

L'Olympia, 28 Bld. des Capucines, 9ème arr. Metro: Madeleine.
Tel. 47 42 52 86
Böse Zungen behaupten, das Olympia sei nicht mehr, was es früher
war, d.h. ein „Muß" für einen Interpreten, um Erfolg zu haben. Trotzdem, wenn man gute französische Chansons hören will, ist „l'Olympia" immer noch *die* Adresse.

173

Marén Berg

Im **Zénith** (19ème arr. Metro: Villette), **Bercy** (12ème arr. Metro: Bercy), **Palais des Sports** (15ème arr. Metro: Porte de Versailles) oder auch im**Palais des Congrès** (16ème arr. Metro: Porte de Maillot) treten die französischen Stars auf, die öfter ganz oben in der Hitparade liegen, wie Julien Clerc, Michel Sardou, J. J. Goldman oder Renaud, etc.
Die FNAC-Geschäfte (im Forum des Halles, 1. arr. Metro: Halles oder 36 rue de Rennes, 6ème arr. Metro: St-Placide) nehmen die Reservierung vor und verkaufen Eintrittskarten.

Mehr und mehr sucht sich der französische Chanson kleinere Bühnen aus. Die bekannteste zur Zeit ist **La Cigale** (120 Bld. de Rochechouart, 18ème arr. Tel. 46 06 28 20). Geöffnet wurde sie vom exzentrischen Duo „Les Rita Mitsouko", einer der wenigen Popgruppen, die auch in Deutschland bekannt ist.

Paris-Portrait:

Eine Deutsche in Paris

Marén Berg singt in deutscher und französischer Sprache und „begreift ihre Lieder als musikalischen Bindestrich". Sie schreibt eigene Lieder oder interpretiert die Chansons anderer Liedermacher, deren Texte sie in die andere Sprache überträgt. Von Anfang an hat sie ihren eigenen Stil gehabt: eine lyrische und differenzierte Interpretation, die Humor und Nachdenklichkeit verquickt. Ihre jüngste LP **„De passage"** mit modernen Rhythmen, brisanten Themen und einem von Gefühl getragenen Engagement hat in Frankreich viel Erfolg.

„Paris ist – auch wenn viele das beklagen – noch immer der Nabel Frankreichs. Aber der legendäre Ruf der Pariserin hat sehr gelitten. Die typische Pariserin gibt es nicht mehr – es sei denn gemeint werden die alten Damen des 16. arr. Paris ist eine buntscheckige Stadt geworden. Ich liebe seine Architektur, seine Museen, vor allem das Picasso-Museum, das man an einem sonnigen Tag besuchen muß.

Paris, das sind auch die Kinos und das Essen. Ich bin auch fasziniert von der Tatsache, daß man zu jeder Stunde einkaufen kann, um sich irgendwas zu kochen.

Was ich bedauere? Daß es keine Wege für Radfahrer gibt. Eine feministische Szene? Die gibt es nicht in Paris. Ich weiß nicht mal, ob das gut oder schlecht ist.

Whiz, 8 rue de la Gaieté, 14ème arr. Metro: Edgar Quinet.
Das Bobino-Theater, wo die Großen des französischen Chansons aufgetreten sind, hat nach langen Renovierungsarbeiten unter neuem Namen wieder aufgemacht. Der neue Besitzer versucht die Tradition von gestern wiederzubeleben.

Das Ballett

Seit einigen Jahren erlebt das Ballett in Paris und auch in der Provinz eine Renaissance. Der Tanz ist heute allerdings nicht mehr allein eine Sache der Choreographen. Auch Architekten, Modeschöpfer und Filmemacher sind an Ballett-Inszenierungen beteiligt. Das „goldene Tanz-Dreieck" von Paris findet man im Osten der Stadt. An der Bastille, in Ménilmontant und an den Buttes-Chaumont hat der moderne Tanz seine Hochburg. Mal in einer alten Schmiede, einem verlassenen Sägewerk oder einem längst vergessenen Ballsaal. Allesamt Zeugen des alten Paris.

Le Café de la dance, 2 passage Louis-Philippe, 11ème arr.
Metro Bastille. Tel. 43 57 05 35.
Ein Saal mit 300 Plätzen, im Schatten der künftigen Oper. Eine ehemalige Schmiede, in den fünfziger Jahren bevorzugter Treffpunkt populärer Bälle.

Le Sunset Studio, 77 rue de Charonne, 11ème arr. Metro: Bastille.
Auch in der Nähe der neuen Oper. Ganz groß in Mode.

La Ménagerie de Verre, 12 rue Lechevin, 11ème arr.
Metro: Parmentier. Tel. 43 38 33 44.
Ehemalige Druckerei.

Studio des Pyrénées, 403 rue des Pyrénées, 20ème arr.
Metro: Pyrénées.
Hier werden Vidéo-Clips mit zahlreichen Pop-Stars produziert.

Repetto, 22 rue de la Paix, 2ème arr. Metro: Opéra
Rose Repetto, die Mutter des berühmten französischen Choreographen Roland Petit eröffnete diese wunderschöne Boutique 1947. Seit dieser Epoche versorgen sich die Spitzenstars und die Ballettratten bei Repetto mit Kleidern, Schuhen und Zubehör. Übrigens: Die legendären Ballerinen, die Brigitte Bardot in dem Film „Et Dieu créa la femme" trägt, wurden bei Repetto angefertigt.

> **Am 21. Juni: Fête de la musique**
> Die ganze Nacht wird überall draußen in Paris musiziert. Im 6ème arr. ist am meisten los.

3. Diskotheken

Die Diskotheken sind auch nicht mehr das, was sie mal waren. Schluß mit der Eintönigkeit früherer Jahre! Heute steht ein Abend oft unter einem ganz bestimmten Thema. In Mode sind z.B. immer noch musette-Abende(!), vor allem aber Ausflüge nach Lateinamerika und zu den Antillen und neuerdings verstärkt zur Zigeuner-Musik. Übrigens: längst nicht mehr sind Diskotheken nur eine Domäne der Teens und Twenties. Auch Vierzig- und Fünfzigjährige sind heute dort zu finden.
Durchschnittlicher Eintrittspreis zwischen 100 und 120 F, ein Getränk inklusive.

Einige Adressen, wo eine Frau allein hingehen kann:

3ème arr.

Les Bains, 7 rue du Bourg-l'Abbé, Metro: Etienne-Marcel.
Eine öffentliche Diskothek in einem ehemaligen Badehaus, mit neuem Dekor von dem Top-Designer Starck.
Im ersten Stock: ein Restaurant, das sehr stark besucht wird. Vorher reservieren. Tel. 48 87 01 80.

9ème arr.

Le Palace, 8 Fbg. Montmartre, Metro: Montmartre.
Seit Jahren die Pariser Diskothek!

Le Bus Palladium, 6 rue Fontaine, Metro: Blanche.
Auch eine sehr bekannte Adresse für die Nacht. Hier verkehren gern Schriftsteller und Tennisspieler!

La Locomotive, 90 Bld. de Clichy. Metro: Blanche
In der Nähe von Moulin Rouge, ein neuer Treffpunkt für Rockfans.

Paris-Portrait:

Die Pariserin – besungen von einer „Provinzpflanze"

LA PARISIENNE

Lorsque je suis arrivée dans la capitale
J'aurais voulu devenir une femme fatale
Mais je ne buvais pas, je ne me droguais pas
Et je n'avais aucun complexe
Je suis beaucoup trop normale, ça me vexe.
Je ne suis pas Parisienne
Ca me géne (bis)
Je ne suis pas dans le vent
C'est navrant (bis)
Aucune bizarrerie
Ca m'ennuie (bis)
Pas la moindre affectation
Je ne suis pas dans le ton
Je n'suis pas végétarienne
Ca me géne (bis)
Je n'suis pas karatéka
Ca me met dans l'embarras
Je ne suis pas cinéphile
C'est débile (bis)
Je ne suis pas M.L.F.
Je sens qu'on m'en fait grief
M'en fait grief.[1]

---

1) Musik und Interpretation von Marie-Paule Belle. Der Text stammt von der zeitgenössischen Schriftstellerin Françoise Mallet-Joris in Zusammenarbeit mit Michel Grisolia.
Prosaübersetzung: Als ich in die Hauptstadt kam, wäre ich gerne eine „Femme fatale" geworden. Aber ich trank nicht, ich nahm keine Drogen und ich hatte keinen einzigen Komplex. Ich bin viel zu normal, und das wurmt mich. – Ich bin keine Pariserin/ Das stört mich (wiederholen)/ Ich bin nicht up to date/ Das ist furchtbar/ Kein Caprice/ Das langweilt mich/ Nicht die geringste Affektiertheit/ Ich treff nicht den richtigen Ton/ Ich bin keine Vegetarierin/ Das stört mich/ Ich stehe nicht auf Karate/ Das bringt mich in Schlamassel/ Ich bin kein Kinofan/ Das ist debil/ Ich bin keine Emanze/ Ich spür, daß man mir daraus einen Vorwurf macht/ Einen Vorwurf.

4. Tango

Immer noch in Mode, aber mit abnehmender Tendenz. Die beste Adresse ist noch immer **Les trottoirs de Buenos Aires** im Hallen-Viertel, vor Jahren gegründet als Treffpunkt der argentinischen Exilanten. Eher nüchterne Atmosphäre, aber vorzügliches und stilechtes Varieté-Programm, das alle paar Wochen wechselt. Adresse: 37 rue des Lombardes, 1er arr. Metro: Chatelet. Die eigentliche Show beginnt um 22 Uhr. Eintritt: 90 F + ein obligatorisches Getränk für 30 F. Jeden Sonntag von 17 bis 24 Uhr: Argentinischer Ball (50 F).

Wo tanzt man Tango in Paris?

Die folgenden Etablissements haben jeden Tag auf; Eintrittspreis etwa um 70 F.

La Coupole, 102 Bld. du Montparnasse, 14ème arr. Metro: Vavin.
Im Untergeschoß des renommierten literarischen Cafés an dem linken Seineufer.

Le Balajo, 9 rue de Lappe, 11ème arr. Metro: Bastille.
Eine Hochburg des Tangos, in der Nähe der Bastille.

Le Royal Lieu, 2 rue des Italiens, 9ème arr. Metro: Tobiac.
In ihrer Biografie *Appelle-moi par mon prénom* („Nenn mich bei meinem Vornamen") erzählt Régine, die Königin der Pariser Nächte, wie sie als junges Mädchen heimlich aus der Wohnung verschwand, um dort Tango zu spielen.

Le Tango, 13 rue au Maire, 3ème arr. Metro: Arts et Metiers.
Von Mittwoch bis Samstag geöffnet.
Biguines, calypsos, salsas.

5. Jazz

Jazz-Lovers:

„Mademoiselle chante le blues, ne soyez pas jaloux."„ Seien sie nicht eifersüchtig. Sie hat Gospel in der Stimme. Mademoiselle singt Blues. Sie glaubt daran."

Dieses Lied von Patricia Kaas gehört zu einem Trend in Frankreich, den die französischen Liedermacher liebgewonnen haben: Es ist die Renaissance des Jazz.

Das Neue dabei: Es sind vor allem die Frauen, die sich an den Jazz heranmachen. Also Patricia Kaas ist kein Einzelfall.

Das Saxophon ist zum beliebtesten Instrument dieser Jazz-Renaissance geworden. Es ist zur Zeit eine Art-Mode-Instrument. Vor allem bei den Frauen. Die Werbung hat sich sogar diese Vorliebe zu eigen gemacht und setzt dieses Instrument immer häufiger ein.

Diese „Saxophomanie" hat ihren Anfang genommen mit der Wiederentdeckung der Jazzmusik. Vor gut 4 Jahren. Mit dem Film „Autour de minuit" de Bertrand Tavernier. Der Film erzählt die Geschichte eines amerikanischen Jazz-Musikers, der Ende der fünfziger Jahre nach Paris kam.

Im Unterschied zu den fünfziger Jahren ist Jazz heute übrigens nicht allein da zu finden, wo er bisher zuhause war. Er hat sein Ghetto verlassen, die Keller des 6. arr. am Bld. St-Germain, am linken Seineufer.

Zu empfehlen rive gauche sind aber immer noch: **Le Montana** (28 rue St. Benoit, 6ème arr. Metro: St-Germain), **Le Bilboquet** (13ème St. Benoit), **le Petit-Journal** (71 Bld. St. Michel), **Le Fürstemberg** (27 rue de Buci, 6ème arr. Metro: Odéon) und **Le Caveau de la Huchette** (5 rue de la Huchette, 5ème arr. Metro: St. Michel). Alle drei sind Bars aus der Existentialistenzeit.

Wer heute in Paris Jazz hören will, der geht am besten ans andere Seineufer, rive droite. Um den Centre Pompidou, dort, wo die Pariser Jugend und Schickeria seit 10 Jahren zusammenkommen. Einige Adressen: **Les Bouchons** (19 rue des Halles, 1er arr. Metro: Halles), **Le Sunset** (60 rue des Lombards, 1er arr. Metro: Chatelet), **Le New-Morning** (9 rue des Petites-Ecuries, 10ème arr. Metro: Chateau d'eau) mit dem besten Angebot zur Zeit in Paris, **Le Calvados** (Rue Pierre I de Serbie 16ème arr.).

Der Trend ist sogar an den Hotels nicht vorbeigegangen. **Le Méridien** (81 Bld. Gouvion-St.-Cyr, 17ème arr. Metro: Porte de Maillot) ist sehr renommiert für seine guten Bands. Neuerdings bietet das Hotel am Sonntagmittag „Jazzbrunch". Und es ist sehr schick dort gesehen zu werden!

Dank dieser „Jazzomanie" kann man jetzt wieder gute Jazzmusik in der Hauptstadt hören.

Neben „Pariscope" und „L'officiel" gibt auch die Tageszeitung „Libération" ausführlich Auskunft über die Jazzveranstaltungen.

Jazz-Festival
Existiert seit 1979 und findet im Oktober statt. Sein Ruf wird von
Jahr zu Jahr besser.

---

6. Nachtcafés

Das sind Adressen für den späten Durst, nach dem Theater zum Beispiel oder der Spätvorstellung im Kino. Die Cafés befinden sich quasi
alle auf dem rechten Seineufer, vor allem im rund um die Uhr belebten
ehemaligen Hallen-Viertel und im Marais. Das linke Ufer der Seine hat
in jüngster Zeit etwas an Boden verloren.
Hier treffen sich am Tage die modebewußten jungen Leute; abends
sitzen dann die Modemacher in den Cafés. Man bekommt auch eine
Kleinigkeit zu essen (den ganzen Tag über).

Im 1er arr. Metro: Halles

Le café Costes, place des Innocents.
Jeden Tag geöffnet von 8 bis 2 Uhr nachts.
La Coupole oder *Café de Flore* der 80er Jahre. Restauriert von dem
Top-Designer Philippe Starck sieht das Café wie ein Bahnhof aus.
Hier kommt man her, um gesehen zu werden.
Mit einer großen Terrasse.

Café Beaubourg, 100 rue St. Martin, 4ème arr. Parvis de Beaubourg
Ein „Café Costes" in Neuauflage. Der Architekt, Christian de Port-
zam-parc, hat die Cité de la Musique im Wissenschaftspark von La Villette geschaffen. Das Café hat alle Chancen, eines der großen Szene-
Cafés in Paris zu werden.

Tribulum, 62 rue St-Denis.
Jeden Tag beöffnet von 11 bis 2 Uhr nachts.
Originelles Café: Am Eingang eine astrologische Hand und im ersten
Stock ein altes Karussell. Spezialität des Hauses: Ein Astro-Drink.
Nachwuchskünstler verkehren hier.

Im dritten arr.

L'Hélium, 3 rue des Haudriettes, Metro: Rambuteau.
Jeden Tag geöffnet von Mittag bis zur Mitternacht.
BCBG-Kundschaft, Abendessen ab 80 F.

Im vierten arr.

Le Vickery's, 24 rue des Francs-Bourgeois, Metro: Saint-Paul.
Jeden Tag von 8 Uhr bis 2 Uhr nachts geöffnet.
Cleanatmosphäre in diesem Ausstellungsraum, der tagsüber als Tee-salon fungiert und abends als bekannte Bar besucht wird.

Im achten arr.

Les Domaines, 56 rue François, 1. arr., Metro: Franklin-Roosevelt.
Jeden Tag geöffnet von 8 bis 1 Uhr nachts. Das Café Costes der Champs-Elysées, auch von Philippe Starck restauriert.
Zugleich auch Restaurant (ab 200 F) und Wine-Bar. Eine gute Adresse für nach dem Theater.

City Rock Café, 13 rue de Berri, Metro: Georges V.
Jeden Tag von Mittag bis 2 Uhr nachts geöffnet.
Für die Fans des Rock'n Rolls: Guitare von Bill Haley, der Cadillac von Elvis. Teures Essen, ab 200 F.

7. Tanztees – Thé-dansant

Diskotheken für die sogenannten reiferen Jahrgänge? Vielleicht. Jedenfalls ist der Tanz-Tee immer noch oder jetzt wieder in Mode. Eine Art „Ball der einsamen Herzen" am Nachmittag oder am Abend. Ettore Scola hat die oft eigenartige Atmosphäre dieser Tanz-Veran-staltungen mit wechselndem Partner in einem preisgekrönten Film vortrefflich nachgezeichnet (Le bal).
Ihre Blüte erlebten sie in den 20er und 30er Jahren, auch noch wäh-rend der Besatzungszeit. Standard-Preis für den Eintritt in den folgen-den Etablissements, die sich durchweg als seriös ansehen dürfen, beträgt rund 70 F.
Die bekanntesten Adressen sind:

Der Taxi-Boy: Ein Miettanzpartner vor dem Tanztee „Etoile" (Photo: B. Baxter)

Le Tango, 11 rue Au-Maire, 3ème arr. Metro: Arts et Métiers.
Tel. 42 72 17 78
Am Montag geschlossen.

Balajo, 9 rue de Lappe, 11éme arr. Metro: Bastille.
Tel. 47 00 07 87
Immer noch eine Hochburg des Tango in Paris; in einem Saal der Belle-Epoque.
Am Dienstag geschlossen.

Club 79, 79 avenue des Champs-Elysées,
8ème arr. Metro: George V.
Tel. 47 23 69 17

Adison Square Garden, 23 rue du Commandant Meuchotte, 14ème arr. Metro: Gaieté.

Club de l'Etoile, 2 bis avenue Foch, 16ème arr. Metro: Etoile.
Tel. 45 00 00 13
Am Dienstag und Mittwoch geschlossen.
Hier kann man sich sogar für den jeweiligen Tanz einen Partner mieten. Das Zehner-Ticket kostet 50 F.

8. Kinos

Über den internationalen Stellenwert der Pariser Oper mag man streiten, auch die Theaterszene hat ihre Kritiker – aber als Film-Metropole hat Paris unverändert Weltrang. Inklusive der Vororte beherbergt Paris rund 500 Kinosäle und an jedem Mittwoch sind bis zu einem Dutzend französische oder sogar Welt-Uraufführungen angesetzt. Die meisten ausländischen Produktionen werden sowohl in ihrer französischen Fassung als auch in Originalversion gezeigt. Daneben gibt es in unregelmäßiger Folge zahlreiche Retrospektiven legendärer Filmemacher in ausgewählten Kinos zu sehen, vor allem im Quartier Latin. Übrigens geht der Franzose drei- bis viermal so häufig ins Kino wie der Deutsche. Der Platz kostet umgerechnet rund 12 Mark. Der Montag ist der Spartag. Montags spart man bei seiner Eintrittskarte in allen Lichtspielhäusern rund zwanzig Prozent.
Einen ausführlichen Überblick über alle Filme findet man allwöchentlich in den an allen Zeitungskiosken erhältlichen Programm-Magazinen wie z.B. *Pariscope, L'Officiel des Spectales.*

Es gibt in Paris ein paar Kinos, die auf Grund der Innen-Architektur einen Besuch wert sind:

Le Rex, 1 Bld. Poissonnière, 2. arr. Metro: Montmartre.
Eine Filmkulisse im Filmpalast. Die pseudo-barocke Inneneinrichtung erinnert an die Zeiten, in denen das Rex einmal Theater war. Wird zuweilen auch als Festsaal genutzt, zum Beispiel bei der alljährlichen Verleihung der Cäsaren, der französischen Oscar-Ausgabe.

La Pagode, 57 rue de Babylone, 7ème arr. Metro: St-François-Xavier.
Die Pagode hat eine phantastische Vorgeschichte. Sie war tatsächlich eine Pagode, die Stück für Stück nach Frankreich verfrachtet worden war, um schließlich den Chinesen als Botschaft zu dienen. Deckengemälde jedoch, die den japanischen Erbfeind siegreich sehen, ließen das originale Projekt mit Rücksicht auf die Empfindsamkeit der

„La Pagode", ein exotisch aussehendes Kino   *(Photo: B. Chanéac)*

chinesischen Diplomaten scheitern. Seit 1931 schon ist die Pagode
ein vielbesuchtes Kino. Achten Sie beim Besuch darauf, daß Sie sich
einen Film im größeren Saal anschauen. Der ist nämlich der reiz-
vollere. In einem Anbau zur Pagode hat sich übrigens ein Tee-Salon
eingerichtet.
In den Rues Babylone, Monsieur, Vaneau und Oudinot gibt es viele
Hotels aus dem 18. Jahrhundert und wunderschöne alte Häuser mit
großem Garten. In einem dieser romantischen Gärten treffen sich
heimlich die beiden Helden von Les Misérables nach Victor Hugo:
Cosette und Marius.

Le Ranelagh, 5 rue des Vignes, 16ème arr. Metro: La Muette.
Auch ein ehemaliges Theater. Die Inneneinrichtung stammt aus der
Belle-Epoque.

Andere nennenswerte Kinos:

Le Vendôme, 32 avenue de l'Opéra, 2ème arr. Metro: Opéra.
Spezialisiert auf verfilmte Opern, die meist monatelang laufen. Die
Adresse verpflichtet.

185

Max-Linder-Panorama, 24 Bld. Poissonnière, 9ème arr.
Metro: Rue de Montmartre oder Bonne Nouvelle.
Das einzige Pariser Kino, in dem man Plätze reservieren kann. Besonderheit: Die Platzanweiserinnen kleiden sich dem Film entsprechend.

Kinopanorama, 60 avenue La Motte-Piquet, 15ème arr.
Metro: La Motte-Piquet.
Bevorzugte Abspielstätte für Mammut-Produktionen vor allem amerikanischer Herkunft.

Le Palais de Tokyo, quai de New York, 16ème arr.
Metro: Alma-Marceau.
Ein Relikt der Weltausstellung von 1937. Heute u.a. Sitz einer Cinémathèque. Zahlreiche Fotoausstellungen.

Vidéothèque, Forum des Halles, 2 grande Galerie,
Porte-St-Eustache, 1er arr. Metro: Halles.
Geöffnet jeden Tag, außer Montag, von 12.30 bis 23 Uhr. Am Sonntag schon ab 10 Uhr auf. Eintrittspreis: 18 F.
Es laufen durchgehend Filme (im Wechsel 2500 Streifen!) über das Leben in Paris.

Am 30. Juni: Fête du cinéma
Tag des Films. Mit einem Ticket (35 F) dürfen Sie sich so viele Filme anschauen, wie Sie möchten und wo Sie möchten.

Frauenfilme
Fest etabliert hat sich im Pariser Vorort Créteil (Metro: Créteil) das alljährliche **Frauenfilm-Festival**. Es findet um Ostern statt, dauert drei Wochen und zeigt Filme aus aller Welt. Auskunft unter dieser Nummer: 48 99 18 88.

Musée du cinéma, place du Trocadéro, 16éme arr. Metro: Trocadéro.
Im Palais de Chaillot verbirgt sich eines der entzückendsten und überraschendsten Museen von Paris. Eine Fülle von Ausstellungsstücken (auch Dekorationen und Kostüme, u.a. Kleider von Garbo, Taylor, Moreau etc.) zeigt alle technischen und künstlerischen Aspekte der Filmgeschichte. Öffnungszeit: von 10 bis 12 Uhr und von 14 bis 17 Uhr. Am Montag geschlossen.
Filmhistorisches zum Anziehen gibt es nun bei Manufacture Rodson, 21 rue des Halles, 1er arr. Es sind Kopien der Kleidungsstücke berühmter Filmstars. Tel. 42 33 07 0.

La Géode, 26 avenue Corentin-Cariou, 19ème arr. Metro: Villette.
Frankreichs einziges Kugelkino inmitten des neuen naturwissenschaftlichen Parks an der Porte de la Villette. Spezialisiert auf Dokumentarfilme mit allen technischen Raffinessen.
Ab 10 Uhr geöffnet bis 21 Uhr, außer dienstags, wo die letzte Aufführung um 18 Uhr stattfindet.
Tel. 42 45 66 00
Preis: 40 F; 20 F für Jugendliche bis 18 Jahre. Am Samstag und Sonntag: Volltarif auch für die Kinder.
Man sollte den Mittwoch vermeiden, da die meisten Plätze lange im voraus von den Schulen reserviert sind.
Montag geschlossen.

„La Géode", das dreidimensionale Kugelkino   *(Photo: B. Baxter)*

Das 19ème arr. erlebt jetzt einen Wandel.
Beispiel: alte Fabrikhallen werden zu Kulturstätten.

IX. Paris für Kinder: Im Falle Kinder kommen mit…

Museen, Unterhaltung, Kleider

Der Aufenthalt in einer Großstadt mit den lieben Kleinen muß nicht unbedingt zur Qual für Erwachsene und Kinder werden. In Paris kann man mit Ihnen eine Menge Dinge unternehmen, die allen Spaß machen.

Museen:

In Paris gibt es ein paar Museen, in denen die Kinder keine Langeweile haben, wie beispielsweise im:

Louvre, Metro: Louvre
Die Kinder ab 6 Jahren schauen sich mit großem Interesse die griechischen, römischen und ägyptischen Altertümer an.
Dienstags geschlossen.

Musée de l'Homme, Metro: Trocadéro
Prähistorisches Museum.
Dienstags geschlossen.

Musée de la Marine (gleiche Adresse wie oben)
Marinemuseum
Dienstags geschlossen.

Musée National des Techniques, 270 rue St-Martin,
3ème arr. Metro: Arts et Métiers.
Es gilt als eines der reichsten Museen der Technik. Ein originelles Museum in einer ehemaligen Kirche.
Montags geschlossen.

Palais de la Découverte, avenue Franklin-Roosevelt, 8ème arr. Metro: Franklin-Roosevelt.
Wissenschaftliches Museum
Montags geschlossen.

Musée des Arts africains et océaniens, 293 avenue Daumesnil, 12ème arr. Metro: Porte Dorèe.
Ein riesiges Aquarium. Afrikanische und ozeanische Kunst werden gezeigt.
Dienstags geschlossen.

Die Museen **Petit Palais** (Tel. 42 65 12 73), **Carnavalet** (Tel. 42 72 21 13), **Orsay** (Tel. 45 49 48 14) organisieren am Mittwoch und Wochenende Kinderateliers. Es kostet etwa 25 F für 1 ½ Stunde.

Gärten

Jeder Pariser Garten bietet einen sogenannten *aire de jeux*, also einen Spielplatz, wohin die Pariser Kinder am Wochenende und am schulfreien Mittwoch zum Spielen kommen. Wenn die Kinder besonders brav waren, dürfen sie sich einen der folgenden Parks auswählen. Sie sind sehr attraktiv für Kinder bis 12 Jahren etwa.

Jardin d' Acclimatation, Bois de Boulogne, 16ème arr.
Metro: Sablons.
Der größte Pariser Vergnügungspark für Kinder. Mit einem kleinen Zoo und dem bekanntesten Pariser Kinderrestaurant. Zwischen Spaghetti und Eis spielen die Kinder mit den Tieren, die hier frei laufen.

Jardin du Ranelagh, 16ème arr. Metro: Muette.
Kinder dürfen auf einem Esel reiten und auf einem der ältesten Pariser Karussells fahren.

Le jardin des Halles, 1er arr. Metro: Les Halles.
Bietet Kinderbetreuung an (10 – 12 Uhr, 14 – 18 Uhr). Für Kinder zwischen 7 und 11 Jahren.

Jardin des Plantes, rue Cuvier, 5ème arr. Metro: Jussieu.
Botanischer und zoologischer Garten der Stadt.

Das Kinderkarussel „Manège Ranelagh"   *(Photo: B. Chanéac)*

Jardin du Luxembourg, 6ème arr. Metro: Luxembourg
Seitdem viele Studenten in die Universitäten der Vororte abgewandert sind, tummeln sich hier vor allem die Kinder. Natürlich am Wochenende und Mittwoch.

Zoo

Der Pariser Zoo befindet sich im Bois de Vincennes, im 12. arr., im Osten der Stadt. Am günstigsten kommt man dorthin mit dem Bus Nr. 46 oder 86. Die nächste Metrostation ist Porte-Dorée.

Marionetten

Viel französisch muß ein Kind nicht können, um das Kasperletheater von Guignol mitzubekommen.
Jeder Garten rühmt sich, das „beste, das älteste oder das originellste Marionettenspiel" anzubieten. Es findet mehrmals nachmittags statt, aber nur an schulfreien Tagen. Eintritt: Etwa 6 F. Im Winter sind die Zelte beheizt.

Spielzeuge

Spielzeuge sind in Frankreich in der Regel teurer als in Deutschland. Das bekannteste Geschäft liegt in der Nähe der Madeleine, 406 rue St-Honoré, im 1. arr. „Le Nain Bleu". In der Passage Jouffroy (9ème arr.) findet man zwei Boutiquen, die „alte" Spielzeuge herstellen. Das Plüschgeschäft „La Pelucherie" auf den Champs-Elysées Nr. 84 hat bis Mitternacht auf.

Restaurants

Ein spezielles Kindermenü kennt man in Frankreich nicht. Das Lieblingsessen der kleinen Franzosen bleibt das *„steak – pommes-frites"* mit dem obligatorischen Ketchup. Die crêperies, bretonische Lokale, die hauchdünne Pfannkuchen abieten, sind sehr kinderfreundlich. Man findet sie vor allem auf dem linken Seineufer, wie rue Mouffetard, rue St-André-des-Arts, rue des Canettes oder auch 67 rue du Montparnasse.

La Sardegna, 23 place du Marché St-Honoré,
1. arr. Metro: Pyramides.
Ein italienisches Lokal, wo am Samstagmittag die Kinder gratis essen können.

Le Poulailler, 8 rue J. J. Rosseau, 1. arr. Metro: Louvre.
Ein Hühnerhof im Restaurant und ein Menü für etwa 43 F.

Hippo-Citroën, 42 avenue des Champs-Elysées, Metro: George V.
Ein hypermodernes Restaurant mit einem riesigen Nilpferd am Eingang.

Chicago Meetpackers, 8 rue Coquillière, 1er arr. Metro: Halles
Am Sonntag sind die Kinder ganz happy in diesem amerikanischen
Lokal, wo auch Filme, Zauberer, Spiele organisiert werden. Etwa 30 F.

Kleider

Französische Kinderwäsche gilt im Ausland als einmalig schön. Die
Grands Magasins bieten eine große Auswahl an Babywäsche, wie
auch die beiden netten Boutiquen Alphabet (77 rue du Cherche-Midi,
6ème arr.) und Tartine et Chocolat (89 rue du Fbg. St- Honoré, 8ème
arr.).

Baby-sitting

Tel. 47 47 78 78 (24 Uhr / 24 Uhr). 25 F pro Stunde.

X. Mitbringsel und Geschenke

Als Souvenirs neuerdings sehr beliebt:
der Eiffelturm und andere Monumente zum Selberbasteln oder aus
Keramik (206, rue de Rivoli, 1er arr. Metro: Palais Royal
(Photo: L. Garcia)

1. Federkiele

Eigentlich nicht mehr als Schreibwarenläden, bei nachfolgenden Adressen aber auch eine Fundgrube an ausgefallenen Geschenken. Federkiele und Füllfederhalter zum Beispiel oder alte Schulhefte oder Seidenpapier oder…

Marie Papier, 26 rue Vavin, 6ème arr. Metro: Vavin.
Eine süße, kleine Boutique im Montpartnasse-Viertel, wo Liebhaber schöner Papiere großen Spaß haben. Hier findet man immer ein Geschenk!

Letter Box, 7 rue d'Assas, 6ème arr. Metro: St-Pladice.
Moderne Papiere.

Mora, 7 rue Seguier, 6ème arr. Metro: St-Michel.
Großes Angebot an alten Stiften und Füllfederhaltern.

Papier plus, 9 rue du Pont-Louis-Philippe,
4ème arr. Metro: Hôtel-de-Ville.
Hier wird das schöne Papier pro Kilo verkauft; man meint, man wäre in einem Stoffgeschäft!

La Papeterie, 203 Bld. St-Germain, 7ème arr. Metro: Bac.
Schöne alte Möbel, worauf u.a. Hefte aus den 20er Jahren ausgestellt sind.

AU CHAT DORMANT
13, rue du Cherche-Midi, 75006 Paris
Tél. · 45.49.48.63

Die Pariserinnen sind sehr stolz über diese Boutique, die alles Mögliche anbietet, was mit Katzen von nah oder weit zu tun hat. Wie leider oft in Paris sind diese „gadgets" nicht ganz billig.
Übrigens: Die rue du Cherche-Midi ist eine der wenigen Straßen mit einem Flair von gestern.

2. Geschenke für Männer

Wenn Mann in Frankreich zum Weibe geht, landet er immer im Kleiderschrank – in Unterhosen, versteht sich. So jedenfalls sagt man. Belmondo hat's auf der Leinwand vorgeführt – in „L'As des As". Die Boxershorts sind auch in Deutschland auf dem Vormarsch, in Paris aber ist Mann jetzt ganz verrückt auf *„les caleçons"*.

Ah les caleçons, 26 rue due Bouloi, 1. arr. Metro: Louvre.
Der Spezialist für *caleçons*. Preis: Ab 180 F.

Bains Plus, Ecke rue des Francs-Bourgeois und rue Vieille du Temple, 4ème arr. Metro: Saint-Paul.
Alles, was er für das Bad braucht und die heute sehr modischen *„charentaises"* (= Pantoffeln – Preis: um die 150 F). Sollte er sich schon als Pantoffelheld fühlen, vielleicht besser ein anderes Mitbringsel auswählen.

Der letzte Schrei: Boxershorts als Mitbringsel (Photo: B. Chancéac)

Didier Neveur, 39 rue Marbeuf, 8ème arr. Metro: F. D. Roosevelt.
Das Notwendigste und das Überflüssigste für sein Bad und auch hier
die *„charentaises"*.

La parfumerie masculine, 13 avenue Duquesne,
7ème arr. Metro: S. F. Xavier.
Etwa 20 parfümierte Rasierseifen u. a.

Es folgen jetzt vier Adressen von Boutiquen, die auf Geschenke für
den Mann spezialisiert sind:

Tant qu' il y aura des Hommes, 23 rue du Cherche-Midi,
6ème arr. Metro: Rennes.

Accalmie, 25 rue Royale, 8ème arr. Metro: Madeleine.

Inconnu, 1 rue du Mail, 2. arr. Metro: Sentier.

H. G. Thomas, 36 Bld. St-Germain-des-Prés,
5ème arr. Metro: Odéon.
In diesem Geschäft herrscht die Farbe schwarz.

Mitbringsel für Pantoffelhelden: Die Charentaises   (Photo: L. Garcia)

3. Alles für die Küche:
Geschirr, Antiquitäten

A. Simon, 36 rue Etienne-Marcel, 1. arr. Metro: Halles.
Hier finden die Profi- und Hobbyköchinnen alles, was sie brauchen können.

E. Dehillerin, Ecke J. J. Rousseau und Rambuteau,
1. arr. Metro: Halles.
Das große Geschäft, das mehr wie ein Lager aussieht, liegt hinter der Kirche St-Eustache. Es ist der Spezialist für Kupfergeräte.

Au Bain-Marie, 20 rue Herold, 1. arr. Metro: Sentier.
Diese Boutique, die in der Nähe des place des Victoires liegt, gilt als die „schönste" in Paris. Die Besitzerin sammelt moderne Küchengeräte und läßt alte Stücke reproduzieren, die sie dann zu guten Preisen verkauft.
Von Montag bis Samstag durchgehend geöffnet.

Xanadou, 10 rue St. Sulpice, 6ème arr. Metro: St. Sulpice
Möbel und Geschirr bekannter Designer.

Zwei Adressen, wo Sie die witzigsten, die schönsten, die billigsten aber auch die teuersten Schürzen kaufen können:

Perthault, 18 av. Matignon, 8ème arr. Metro: F. D. Roosevelt

Bragard, 186 rue du Fbg. St. Martin, 10ème arr. Metro: Chateau-Land.

Antiquitäten für den Tisch

L' Imprévu, 21 rue Guénégaud, 6ème arr. Metro: Odéon.
Spezialität: das Geschirr vom Ende des 19. Jahrhunderts, das jetzt gerade groß in Mode kommt.

Le Temps retrouvé, 6 rue Vauvilliers, 1. arr. Metro: Halles.
Erst ab 13 Uhr geöffnet.
Geschirr und Wäsche von früher.

Mazot-Meyer, 32 rue du Verneuil, 7ème arr. Metro: Solférino.
Geschirr aus dem 19. Jahrhundert und vom Anfang des 20. Jahrhunderts.
Erst am Nachmittag geöffnet.

Diners en Ville, 27 rue de Varenne, 7ème arr. Metro: Varenne.
Von 11 bis 19 Uhr geöffnet.
Spezialist der Teekannen und alten Tischdecken. Eine gute Adresse,
wenn Sie ein kleines Geschenk suchen.

Die Straße des Geschirrs:
Die rue du Paradis, im 10. arr. Metro: Gare de l'Est, ist die Adresse Nr.
1 in Paris, wenn Sie eine große Auswahl an schönem Porzellan, Keramik, Kristall und Gläsern haben möchten. Märchenhafte Atmosphäre
im Winter, wenn die zahlreichen Geschäfte alle ihre Lüster anmachen.
Nr. 30: Museum des Kristals aus Baccarat. Eine 200 Jahre alte bezau-
bernde Sammlung des berühmten Hauses Baccarat.

Rue Royale, 8ème arr. Metro: Madeleine.
Was die rue Montaigne für die Kleider ist, ist die Rue Royale für das,
was man in Frankreich *„les arts de la table"* nennt. Also, alles was man
braucht, um den Tisch besonders schön zu decken und vor allem
luxuriös.
Jansen: Eine dauerhafte Ausstellung über altes Silberbesteck.
Lalique: Für Fans Kristallgläser aus den 50er Jahren.
Christofle: Das klassische Geschenk in Frankreich für Neugeborene,
die silberne Tasse und das komplette Eßzimmerservice von der
Schriftstellerin Georges Sand für ihr Haus in Nohant.
Delvaux: Spezialist der Vasen.

Boutique de Sèvres, 4 place André Malraux,
1. arr. Metro: Palais-Royal.
Von Dienstag bis Samstag geöffnet, von 12 bis 18 Uhr.
Die einzige Boutique in Paris, welche die Produkte der über 250 Jahre
alten Porzellan-Manufaktur von Sèvres verkauft. Eine elegante und
zugleich diskrete Boutique.

DER TIP

Wenn Sie eingeladen sind

Wichtig: Sie kommen mit 10 Minuten Verspätung! Wenn Sie Blumen mitbringen, dann lassen Sie den Strauß in Papier eingewickelt und denken Sie daran, lieber keine Chrysanthemen zu schenken, denn sie schmücken in Frankreich nur die Gräber. Neuer Trend: man bringt Schokolade mit, natürlich nicht vom Supermarkt, oder auch exotische Früchte.

XI. Hilfe!
Paß verloren,
Mandeln
geschwollen…

Konsulat der Bundesrepublik

34, avenue de Iéna, 16ème arr. Metro: Iéna.
Tel. 43 59 33 51

Österreichisches Konsulat

139, rue Faubourg-St-Honoré, 8ème arr. Metro: Palais Royal.
Tel. 45 61 19 43

Schweizer Konsulat

142, rue de Grenelle, 7ème arr. Metro: Invalides.
Tel. 45 50 34 46

Paßverlust

Zuerst den Paßverlust bei der Polizei melden und erst dann zum Konsulat laufen. Zwei Paßbilder mitbringen.
Beim Geldverlust auch zuerst eine Verlusterklärung bei der Polizei machen.

Apotheken

Die Apotheken sind in Frankreich montagvormittags geschlossen, dafür haben sie den ganzen Samstag auf, bis 19 Uhr.
Auf den Champs-Elysées, Nr. 84, ist eine Apotheke tags und nachts geöffnet (Tel. 45 62 02 41).

Die Pille (la pillule) ist in Frankreich nur mit Rezept zu bekommen. Präservative (préservatifs) kauft man in Apotheken.

In den Drogerien, **drogueries** auf französisch, findet man zwar alles für den Haushalt, aber keine Medikamente, auch nicht Lutschbonbons gegen den Husten.

SOS mèdecins

Ärztliche Hilfe rund um die Uhr. Tel. 43 77 77 77.
Zahnärzte sind unter dieser Nummer zu kriegen: 43 37 51 00.

Drugstores

Publicis Champs-Elysées, 133 avenue des Champs-Elysées,
8ème arr. Metro: Etoile.
Publicis Saint-Germain, 149 Bld. St-Germain,
6ème arr. Metro: Saint-Germain-des-Prés.
Jeden Tag geöffnet, bis 2 Uhr nachts.
Die Mode der Drugstores ist zwar längst vorbei in Paris. Sie gelten aber immer noch als eine gute Adresse, wenn „einem etwas fehlt".

Weckdienst

Tel. 44 63 71 11

Fundbüro

36 rue des Morillons, 15ème arr.
Metro: Convention
Tel. 45 31 14 80.